KB074482

나는 **소시오패스**와 일한다

나는 소시오패스와 일한다

초판 1쇄 인쇄 2021년 12월 24일
1쇄 발행 2021년 12월 31일

지은이 **이철원**
펴낸이 **천정한**
펴낸곳 **도서출판 정한책방**
출판등록 2019년 4월 10일, 제2019-000036호
주소 (서울본사) 서울 은평구 은평로3길 34-2
(충북지사) 충북 괴산군 청천면 청천10길 4

전화 070-7724-4005
팩스 02-6971-8784
블로그 http://blog.naver.com/junghanbooks
이메일 junghanbooks@naver.com

ISBN 979-11-87685-60-9 (03190)

우리 주변의 소소한 소시오패스,
그들은 어떻게 내 삶에
들어오고 나가는가?

나는 소시오패스와 일한다

이철원 지음

'4%' 여정의 시작

이야기의 시작은 이 숫자에서부터다.

> 많은 정신 건강 전문가들은 양심이 거의 또는 전혀 없는 상태를 '반사회적 인격 장애'라고 부르는데 교정이 불가능한 이런 성격 결함은 현재 전체 인구수의 대략 4%, 즉 25명당 1명에 이르는 것으로 보인다.
>
> －《이토록 친밀한 배신자》, 마사 스타우트, 머리말

우리나라 인구 약 5,000만, 대입해보면 약 200만 명의 '반사회적 인격 장애' 의심자들이 우리 주변에 있다는 말이다. '4%.' 별 거 아닌 거 같은데 싶다가 '200만' 하니까 피부로 와 닿는다.

반사회적 인격 장애는 미국정신의학회American Psychiatric Association가 2013년 개정한 DSM-5 Diagnostic and Statistical Manual of Mental

Disorders, 정신질환 진단 및 통계 편람 제 5판에 명시된 B군 인격 장애로 우리가 다루고자 하는 소시오패스, 사이코패스와 관련이 깊다.

나는 16년간 기업에서 사람과 관련한 일을 했다. 사람을 뽑고 육성하고 일을 잘할 수 있도록 문화를 만드는 일이었다. 멋모르던 신입 시절, '뭐 있어?'라며 용감했었다가 시간이 지날수록 알게 됐다. '사람, 참 어렵구나'라는 사실을.

수많은 인간 군상, 제각각인 성격. 한 치의 오차도 없이 규율과 상식에 충실한 사람, 어떻게 하면 꼼수를 써서 손 안 대고 코 풀 수 있을까? 잔머리 굴리는 사람, 저마다 각자의 모습으로 조금씩 다르게 살아갈 뿐인 그저 평범한 우리라고 생각했다. 마음에 들거나, 내 타입이 아니거나 그런 호불호가 있을망정 애초부터 우리와 어떤 구조 자체가 다른 종자가 존재하리라고는 미처 생각하지 못했다.

어느 순간부터 드라마에 영화에 소설에 그리고 뉴스에 입에 담기도 힘든 극악무도한 범죄자들이 모습을 드러내기 시작하더니 사이코패스, 소시오패스와 같은 생소한 단어가 일상에 퍼지기 시작했다. 심리학, 뇌 과학, 정신분석학 등 다양한 분야의 호기심 충만한 학자들도 탐사 프로그램 같은 미디어에 출연해 본격 경고하기 시작했다. 애초부터 뇌 구조 자체가 다른 변종이 우리 주변에 도사리고 있다고. 일상 대화 중 응? 귀를 의심케 만드는 한마디, 상식을 거스르는 돌출 행동, 남의 약점을 잡아 교묘히 이용하고 제 잇속 챙기려는 의도, 남을 괴롭혀 그 일로 즐거움을 얻는 일, 규칙을 손바닥 뒤집듯 어기고 법의 경계선도 아무렇지 않게 넘나드는 무모함, 일관된 무책임 따위.

'왜 저렇게까지 할까?' 의아스러움이 하나둘 쌓이다가 순간 '아!' 싶다. 그리고는 어떤 이름과 얼굴이 스쳐 지나간다. 지난 16년간 사람 관련 일을 하며 사적, 공적으로 마주쳤던 무수한 인연 중에서. '어쩌면… 그런 거였을지도'라는 생각이 몽글몽글 솟아난다.

소시오패스가 뭐기에

사실 소시오패스를 한마디로 딱 잘라 정의하기는 쉽지 않다. 양심과 공감이 결여된 상태로 호시탐탐 반사회적 일탈을 꿈꾸고 타인을 착취, 이용하려는 습성을 지닌 사람들 정도로 요약할 수 있을까? 이를 다루는 영역 또한 정신의학, 뇌 과학, 심리학 등 다양한데 명확하게 구분 짓기도 쉽지 않다. 정확한 관할 구역이 애매한데 또 반대로 모두가 자기 관할인 셈이다. 그도 그럴 것이 인간이란 주체의 내면과 정신세계를 다루는 일에 어떤 특질의 원인과 결과를 칼로 도려내듯 명확히 파악하기란 도무지 쉽지 않기 때문이다. 이렇게 저렇게 겹치는 부분도 크지만 범주화를 시키자니 무언가 석연찮은 구분점도 많다.

미국정신의학회APA가 정식병증으로 다루는 '반사회적 인격 장애'와는 달리 소시오패스사이코패스는 보류다. '반사회적 인격 장애=소시오패스사이코패스'라는 공식도 성립되지 않는다. 유사성은 많지만 아직 밝혀내야 할 여지가 많은 미완의 개념에 가깝다.

《사이코패스 뇌과학자》의 저자 재임스 팰런은 지인의 입을 빌어 개념 분류의 어려움을 '채소'에 비유한다. 채소란 임의적인 요리 재료의 용어일 뿐 생물학적 용어가 아닌 것처럼 사이코패스, 소시오패스도 학자들의 편의상 쓰이는 용어일 뿐이라는 의미다. 그럼에도 인간의 뇌를 들여다볼 수 있는 PET양전자방출단층촬영, positron emission tomography, fMRI기능적자기공명영상, functional magnetic resonance imaging 등 기술이 발전하고 사이코패스를 과학적으로 판별해내기 위한 노력들이 더해져 차츰 그 비밀이 밝혀지고 있다.

1956년 개봉된 영화 〈나쁜 종자〉에서는 보통 인간으로는 이해할 수 없는 엽기적 행동을 일삼는 여자 아이 '로다'를 통해 현대적 의미의 소시오패스사이코패스를 넌지시 소개한다. 우리가 궁금한 것은 이들 종족은 어떻게 생겨났을까?라는 점이다. 처음부터 양심의 결여라는 근본적인 결함을 가지고 태어난 생물학적 변종인가? 아니면 불우한 환경과 특정한 문화가 관여해 만들어낸 사회적 산물인가?라는 궁금증이다.

사이코패스 진단 툴인 PCLPsychopath CheckList을 개발해 체계적인 연구의 기반을 만든 로버트 D. 헤어Robert D. Hare 박사의 저서 《진단명 사이코패스》에 따르면 타고난 특질일 가능성에 더 무게를 둔다. 사이코패스가 아닌 일반 범죄자의 경우 가정환경이 초범 시기에 밀접한 관련이 있는 반면 사이코패스 범죄자의 경우 가정환경이 초범의 시기에 전혀 영향을 미치지 않는다고 주장한다. 전자의 경우 불우한 환경일 때 법원에 범죄 용의자로 서게 되는 나이가 대략 15세, 안정된 환경에서는 24세인데 비해 후자의 경우 환경에 관계없이 평균적으로 14세인 것으로 나타났다는 연구 결과를 제시한다.

흔히 소시오패스는 외부 환경에, 사이코패스는 선천적 요인에 더 큰 영향을 받는다고 알려져 있지만 관련 연구는 양자 모두 유전적 특질이 관여 되어 있음을 분명히 한다. 다만 육아 환경이라든지 자라온 사회의 문화적 특성 등 외부 요인은 그 특질이 어떤 방식으로 어떻게 발현되느냐의 방향성에 영향을 미칠 수 있다.

왜 어떤 사람은 그 특질을 타고 났음에도 끝내 발현하지 않고 혹은 연기를 통해 감추고 평범한 사람처럼 살기도 하고, 또 어떤 사람은 극단적 범죄의 주인공이 되기도 하는가?라는 질문에 대한 답이기도 하다. 이러한 복잡성과 불확실성에 비해 우리가 가진 소시오패스에 대한 두려움은 상대적으로 선명하다. 선명하다 못해

오금이 저린다. 이는 필시 영화와 드라마 그리고 뉴스 등 각종 미디어가 그 범인일 것이다.

영화 〈한니발〉의 주인공 한니발 렉터앤서니 홉킨스 分, 〈악마를 보았다〉의 장경철최민식 分 같은 직관적인 사이코패스, 〈공공의 적〉의 조규환이성재 分, 〈케빈에 대하여〉의 케빈에즈라 밀러 分 같은 소시오패스사이코패스냐, 소시오패스냐의 분류는 이견이 있을 수 있겠지만들이 다름 아닌 공포의 주역이다. 이들의 이미지는 소름끼치는 흉악한 범죄자 그 자체다. 아니 그럼 우리 주변에 200만이나 되는 잠재적 한니발 렉터와 장경철, 조규환과 케빈이 있다는 말인가? 그렇다면 세상이 제대로 돌아가기나 할까? 그들이 모두 작정하고 그런 끔찍한 범죄를 저지르고 평범한 사람들을 도구처럼 이용한다면 이 나라는 아니 온 세계는 무법천지가 되지 않을까?

그들은 정말 끔찍한 괴물들일까?

> 미국의 교도소 수감자들 가운데 소시오패스는 평균적으로 약 20%에 불과하다. 연구자들은 이 20%의 소시오패스들이 저지른 범죄가 '가장 중대한 범죄강탈, 무장 강도, 납치, 살인와 반국가 범죄반역, 간첩, 테러의 50% 이상을 차지하지만, 수감자 중에서 실질적인 소시오패스의 수는 남녀를 불문하고 대략 열 명에 두 명 정도에 불과하다고 신중하게 말한다. –《이토록 친밀한 배신자》, 마사 스타우트

놀랍다. 소시오패스 범죄자가 20%에 불과하다니. 그들이 아닌 일반 범죄자들이 80%라는 말 아닌가? 살인, 강도 등 중대 범죄도 50%를 상회할 뿐이라고? 아니 그럼 나머지 50%는 일반 범죄자들이 저지른다는 말인가? 물론 절대 소수인 4%가 전체 범죄의 20%를 차지한다면 대단히 높은 비율이긴 하지만, 체감 상 놀라운 수준은 아니라는 말이다. 우리 내면에 자리 잡은 그들의 흉악한 이미지를 감안하면 더 높지 않을까? 싶은 것이다. 그 중에서도 중대한 범죄의 대부분은 그들이 주인공이지 않을까?라는 인식과는 달리 고작(?) 50% 정도일 뿐이라는 사실에 일종의 충격을 받게 되는 셈이다.

그들이 실제 저지른 잔혹 범죄의 임팩트, 그리고 영화 속, 드라마 속에서 묘사된 캐릭터가 워낙 강렬하다 보니 소시오패스사이코패스에 대한 사회적 관심이 증폭되는 반면, 그들의 실제 모습과 특질 따위를 보다 정확히 알고 대처하려는 노력은 상대적으로 빈약하다. 그저 무섭고 두렵고 피해야 할 '괴물' 같은 존재로만 인식되면서 오해와 억측들이 서서히 뿌리 내리는 과정은 아닐까? 이들을 보다 정확히 파악해야 하는 이유는 명확하다. 불확실성을 없애기 위해서다. 이는 출처를 알 수 없는 불안감을 부추겨 사회적 혼란과 낭비를 초래하고야 만다. 보다 정확히 알아야 효과적으로 판단하고 대처할 수 있다. 또한 자신만의 어림짐작으로 '저 사람은 혹시 소시오패스 아닐까?' '말하는 것을 보니 딱 사이코패스네' 따위 '엄한 사람 잡는 불상사'를 막는 일이기도 하다.

통계와 과학이 우리에게 알려주는 명백한 사실은 우리가 드라마나 영화, 뉴스에서나 볼 수 있는 극단적 형태의 괴물은 극소수에 가깝고 그 특질을 가졌지만 일반인처럼 자신을 감추고 살아가는 4%의 소시오패스들이 우리 주변에 존재한다는 것이다. 그 숫자는 물론 만만치 않다. 내 주변의 25명 중 1명이라는 이야기니까.

우.주.쏘.패 등장하다

다시 4%로 돌아와서. 그들은 우리 주변에 반드시 있고 또 우리의 모습을 하고 있다. 양심이 결여된 채 감정적 애착도 의무감도 책임감도 느끼지 못하는 서늘한 마음으로 우리를 어떻게 이용하고 사냥할까? 그런 고심으로 하루를 보낸다. 가끔씩 우리와 근본적으로 다른 어떤 특질을 재채기하듯 흘릴 뿐이다. 설명하기는 어렵지만 딱! 보면 아는 그런 것 말이다. 그 단서를 무심히 대한다면 내 옆의 그가 혹은 그녀가 소시오패스인지, 단지 조금 이상한 사람이거나 나와 스타일이 다른 사람일 뿐인지 알 수 없다.

그들은 스스로를 문제화해 보지 않는다. 어떤 치료나 상담이 필요한 '환자'라고는 더더욱 생각하지 않는다. 전제 자체가 그렇다 보니 그들을 식별해서 추적하고 치료할 근거나 방법이 없다.

원인과 증상이 상대적으로 가려진 정신병질자들과는 완전히 다르다.

더구나 우리는 전문가가 아니다. 학자들 사이에서도 의견이 분분하고 완전히 정복하지 못한 미지의 영역이 많은 소시오패스를 아마추어가 진단하고 단정해낼 도리는 없다. 누구도 그럴 자격과 권리를 주지 않았다. 로버트 D. 헤어 박사의 PCL 검사조차 수감된 범죄자들을 대상으로 할 뿐이다.

그럼에도 그들을 알아내야겠다. 바로 우리 주변, 우리 관계에 '명백히' 존재하고 있기 때문이다. 우리가 4%의 그들에 이용당할 수는 없으므로, 그럴 여지를 아예 주지 않아야 하므로, 96% 다수인 우리가 누군가에 의해 그들로 오인 받아선 안 되므로. '혹시~'라는 의심, 근거 없는 단정이 난무하는 관계가 건강할리 없다.

단언하고 진단할 수는 없지만 근거를 가지고 관찰할 수는 있다. 막연한 감과 자신만의 어림짐작 경험 말고 신빙성 있는 단서에 근거해 돌출되는 퀘스천마크에 답한다. 그 주체를 관찰하고 신중에 신중을 거쳐 숨겨진 특질에 가까워질 수 있다면 그 자체로 나를 방어하는 강력한 무기가 된다.

단지 나와 맞지 않아서일 뿐인지 선천적으로 섞일 수 없는 다른 종이기 때문인지를 구분해내는 일은 결국 적응과 생존의 문제다. 조직 내에서의 관계, 그 안에서 겪는 문제가 상식과 감정 범위 밖의 존재와 연결되었다는 이유로 고통을 받고 견디다 못해 마침내 자의든 타의든 그곳에서 배제되는 일은 결국 자신의 몫이므로.

다시 말하지만 그들은 영화나 드라마, 뉴스에 나오는 극악무도한 얼굴이 아닌, 우리의 얼굴을 하고 우리의 행동으로 살아간다. 아직까지 눈에 띌 만한 피해를 주거나 혼란을 일으키지도 않았다. 무시무시한 소시오패스라는 딱지를 붙이기에는 그렇기에 과하다. 그저 우리 주변의 소소한 소시오패스로 구분 지어 볼 만하다. 이른바 우.주.쏘.패.

'지피지기면 백전불태知彼知己 百戰不殆'라는 옛말이 있다. 지피지기면 백전백승? 아니다. 잘못 알려졌다. 적을 알고 나를 안다고 백 번 싸워 백 번 모두 이길 수는 없다. 다만 위태로워지지 않을 뿐이다.

모든 시작은 나를 제대로 아는 것부터 시작이다. 나부터 그 종족이 아닌지 확실히 알아야 한다. 그래야 우리 주변의 그들도 알아챌 수 있다. 제대로 알아야 우.주.쏘.패들에 효과적으로 대응할 수 있다. 신중히 지켜보고 빨리 알아채고 확신이 든다면 서둘러 관계를 끊든, 의도를 파악하고 적절히 대처하든 행동한다. 그래야 우리 주변에서 그들의 행동반경을 차단할 수 있다. 무엇보다 단지 나와 다를 뿐인 엄한 사람 잡지 않는 일이기도 하다.

그래서 '지기지피면 우.주.불.패.'다.

양심, 스펙트럼

그러면 대체 무슨 근거로, 어떤 단서로 그들을 알아볼 수 있을까? 그런 것이 있기나 할까? 있다. 그것은 바로 '양심'이다. 너무도 중요하니까 다시 한 번 외쳐보자. '양심!'

소시오패스는 양심이 없다. 96% 우리가 당연히 가진 그 양심 말이다. 양심을 가시광선의 스펙트럼이라고 가정하면 소시오패스는 그 스펙트럼에서 벗어난 일종의 자외선이나 적외선 영역에 속한 사람들인 셈이다. 양심이라는 가시광선의 스펙트럼을 가진 일반인은 강약의 세기에 차이가 있을 뿐 양심에 따라 생각하고 판단하고 행동한다. 양심의 세기가 약한 사람은 보다 쉽게 그 양심을 저버릴 수도 있고 강한 사람이라면 웬만해선 바른 삶을 이어갈 것이다. 양심에 어긋나는 일을 했을 때는 당연히 양심의 가책도 느낀다.

이 양심이라는 정신세계의 스펙트럼만 놓고 본다면 소시오패스는 아예 다른 차원의 세계에 사는 종족이라고 해도 무리가 없다. 그렇다면 양심은 대체 뭘까? 마사 스타우트는 '타인과의 감정적 애착을 형성하는 과정에서 만들어지는 의무감'이라고 정의한다. 이 정의에 소시오패스를 판단할 가장 중요한 단서 두 가지가 모두 등장한다. 바로 '감정'과 '의무감'.

양심의 결핍이란 결국 타인에 대한 감정적 애착도 없고 의무감,

책임감도 없는 상태를 말한다. 더 정확히는 감정을 못 느끼는 것이 아니라 일반인 수준으로 처리할 능력을 갖지 못했다는 말이다.

《아몬드》라는 베스트셀러 소설은 일명 '아몬드'라고도 불리는 대뇌변연계 편도체, 아미그달라의 선천적 기능 문제를 가진 소년의 이야기다. 알렉시티미아Alexithymia* 감정불능증은 알 수 없는 이유로 감정을 처리하는 전두엽 피질과의 연결에 문제가 생겨 자신의 감정이 무엇인지 정확히 인지하지 못하는 상태를 말한다.

이 소설의 주인공이 '소시오패스'인지 여부는 확인할 수 없다. 타인에 대한 의무감, 책임감의 결여나 비양심적인 행위를 주도하는 장면의 묘사는 찾아볼 수 없기 때문이다. 그러나 이 소설을 통해 감정이 결핍된 사람의 행동과 사고가 어떠한지는 간접적으로 경험할 수 있다.

최근 활발하게 진행되는 뇌 과학과 관련한 각종 실험 결과는 소시오패스들의 감정과 그 처리 과정에 대해 보다 명확한 단서를 보여준다. '죽음' '사랑' '엄마'와 같은 감정을 포함하는 단어를 일반인들에게 제시하면 감정 처리와 관련된 대뇌전두엽 피질 부

---

* 1970년대 심리학자 피터 시프너스PeterSifneos와존 느마이어JohnC.Nemiah에 의해 소개된 개념으로,감정을 인식하거나 언어적으로 기술하는 데 어려움을 나타내는 상태를 뜻한다.

출처)두산백과

근의 전기 신호가 활성화되는 반면, 소시오패스들의 경우 이성과 논리를 제어하는 영역 부근의 전기 신호가 활성화된다.《진단명 사이코패스》, 로버트 D. 헤어 | 《사이코패스 뇌과학자》, 제임스 팰런 참고 이들이 감정을 마치 수학처럼 연산하고 계산할 뿐 감정을 '감정답게' 인식하고 처리하지 못하는 뇌 구조를 가졌음을 보여주는 증거로 제시된다. 감정을 느끼고 이해하지 못하니 감정 교류의 정점인 '사랑'도 알지 못한다. 감정적 유대감을 기본으로 하는 희생, 헌신, 책임 같은 것은 찾아볼 수 없고 단지 사람을 이용하는 데만 관심이 있다. 가족마저도 자신의 승리에 대한 성과물, 트로피쯤으로 여긴다. 모든 상황을 게임으로 가정하고 사람을 게임판의 말처럼 여긴다. 상대가 뭘 좋아하는지 알아내 입 속에 혀처럼 굴기도 하고 또 반대로 약점을 잡아 옴짝달싹 못하게 만든 후 이용하기도 한다. 그러다 활용가치가 떨어지거나 없어지면 가차 없이 버린다.

우리가 이해하지 못하고 끔찍해하는 충격적 범죄는 바로 그런 구조적 토대에서 종종 발생한다. 일상적인 상호작용에 울고 웃는 우리와는 확실히 다른 종족이다. 우리가 아닌 그들로 분리하는 데 무리가 없다. 제대로 알아채기만 한다면.

틀림없는 징후들

양심이 있는 일반인은 모두 착한가? 양심의 스펙트럼을 통해 설명했듯, 양심이 있는 사람도 양심을 종종 저버린다. 즉 나쁜 짓을 한다. 범죄자 중 일반인의 비중이 80%에 달하고 살인, 강도 등 강력 범죄 비율도 50%에 이른다는 통계를 통해 우리는 이미 그 사실을 확인했다. 일반인과 소시오패스 범죄자들의 가장 두드러진 차이가 있다면 양심의 가책을 느끼느냐에 있다. 일반인은 나쁜 짓을 하면 양심의 가책을 느낀다. 자신이 저지른 범죄에 대해서 후회하기도 하고 피해자에게 미안함을 느낀다.

양심을 저버렸다는 표현은 '양심이 원래는 있다'라는 전제다. 일반인 범죄자들에게는 일반적으로 그 양심을 저버린 이유, 책임을 전가할 핑계가 있다혹여 말도 안 되는 이유이든, 조금의 정상참작 여지가 있든. 예컨대 지독한 가난이라든지, 복수심이라든지.

《예루살렘의 아이히만》을 쓴 한나 아렌트Hannah Arendt는 '악의 평범성'이란 개념을 통해 어떻게 평범한 사람이 거대한 악에 가담하는지 기술했다. 이데올로기나 거대한 시스템 속에서 범죄 과정을 세분화하는 것만으로 얼마든지 양심에서 자유로울 수 있는 근거를 제공한다는 사실을 증명했다.

스탠리 밀그램Stanley Milgram도 '복종 실험'을 통해 책임을 권위자에게 전가하면 사람이 어디까지 잔인해 질 수 있는가의 사례를 명백히 증명해주지 않았는가?

양심이 애초에 없다면 있지도 않은 것을 저버릴 이유도 없다. 자연스레 그들은 양심의 가책을 느끼지 않고 후회하지도 않고 피해자에 대한 미안함을 느끼지도 않는다. 후회가 있다면 '왜 잡혔을까? 더 완벽히 할 수 있었을 텐데' 그뿐이다. 잔혹한 연쇄살인범에게 "피해자들에게 미안한 마음이 드십니까?"라고 마이크를 들이밀어 봤자 그들의 서늘한 눈빛 세례만을 받을 뿐이다.

우리 주변의 소소한 소시오패스들이 관계의 파탄을 부르는 소소한 일탈을 끊임없이 저지르지만 웬만해선 범죄에까지 이르지 않는 이유는 딱 하나다. 들통 날 가능성, 그로 인해 자신에 미치는 피해가 더 크다고 생각하기 때문이다. 아무런 이유도 없이 재미로 범죄를 저지르고 약자를 얼마든지 착취할 수 있지만 범죄자가 되면 자신에게 해롭다는 사실을 '영악하게' 의식한다. 만약 범죄가 걸리지 않을 것이라는 확신이 있다면, 그런 방법이 있다면 그들은 아무런 양심의 가책도 없이 기꺼이 실행할 수 있는 종족이다.

심지어 그들은 양심이 있는 일반인들을 조롱하며 무시한다. 속마음은 사실 그렇지 않으면서 가식적으로 연기하고 있다고 생각한다. 왜? 뻔히 보이는 눈앞의 이득을 윤리라는 이름으로 양심의 가책이란 명분으로 취하지 않는가?라고 반문하다. 눈앞의 대상이 그저 사냥감으로 보이는 포식자로 태어난 그들에게 그렇지 않은 사람들이 오히려 이상한 종족일지도 모른다. 우리가 그들과 다른 종족이라는 결정적 요건이면서 양심이 있는 일반인들이 범죄를 포함한 그들의 행동과 사고방식을 이해하지 못하고 충격을 받는 이유이기도 하다. '사람이 어떻게 그럴 수가!'라고 탄식할 뿐이다.

양심, 즉 타인에 대한 감정적 애착이 없고 의무감도 없다는 사실을 우리는 어떻게 알아챌 수 있을까? 누구라도 이견이 없을 극단적 소시오패스가 아닌 이상, 우리 주변의 소소한 소시오패스들은 일상생활에서 어떻게 포착해낼 수 있을까?

---

1. **언제나 나만 힘들어!**
   동정 연기/동정심, 죄책감을 자극. 자신의 의지대로 상황을 유도
2. **결과만 좋으면 그만이지, 과정이 뭐가 중요해?**
   극단적인 결과 지향, 결국 자신에게 이로운 방향으로
3. **곧이곧대로 순진하게 말할 필요는 없지!**
   거짓말, 진실보다는 상황과 대상에 따른 기만성
4. **저런 슬픔, 이런 약점이 있다고? 어떻게 이용해 먹지?**
   공감 능력 결여, 사람도 수단으로 여기는 피상적 관계만 가능

5. 용건 있을 때만 말 걸라고!
유별난 거래성, 목적성. 단 1분이라도 목적의식 없는 시간은 못 견뎌

6. 아니, 그건 내 잘못이 아니라!
일관된 무책임, 잘못에 대해 언제나 변명과 자기 합리화로 일관

7. 지루해, 뭐 짜릿한 거 없나?
자극 추구, 무모할 정도로 안전에 무감각

8. 조금 늦을 수도 있지. 뭐가 문제야?
낮은 윤리성, 규칙, 약속을 수시로 쉽게 저버림

그들의 내면은 높은 확률로 저런 목소리들이 가득할 것이다. 물론 인간의 속내를 짐작하는 일에 정답이 있을 수는 없다. '한 길 사람속도 모른다'는 격언이 괜히 나오지는 않았으리라. 단서를 제공했다고 해서, 심지어 그 단서 전부가 딱 들어맞는다고 해서 '당신은 소시오패스'입니다, 라고 단정 지을 수도 없다.

양심이 없는 소시오패스들은 연기의 달인이기도 하다. 단서와 특징을 달달 외운다고 해서 바로 적용하기도 쉽지 않다. 이들만을 오랫동안 연구해온 전문 연구자들조차 그들의 연기와 거짓말에 종종 넘어가기도 한다.

> 나는 다른 사람이 서로를 대하는 방식을 흉내 내는데 그건 그들을 속이기 위해서가 아니라 그렇게 해야 내가 사람들 틈에 숨

> 을 수 있기 때문이다. 내가 숨는 이유는 소시오패스라는 것이 탄로 나면 경멸의 의미가 잔뜩 담긴 병명 탓에 예측불허의 부정적 결과가 튀어나올 수 있어서다. —《나, 소시오패스》, M.E 토머스

이들은 상대적으로 지능도 뛰어나고 어이없게 매력적이기까지 하다. 작정하고 연기하려 들면 우리는 도무지 찾아낼 수가 없다. 그들과 관련해 가장 바람직한 대처 방안이 있다면 오직 그들과 마주치지 않는 것뿐이다. 보통의 인간관계에서라면 이 정도까지 모든 단서를 대입시켜 가며 '저 사람은 대체 어떤 사람인가?'라는 문제를 고민할 일도 드물다.

우리가 걱정할 일은 4%의 확률로 일생동안 언젠가 한번은 이들과 관계를 맺을지도 모른다는 가능성이다. 결국 관건은 검증된 단서와 평소의 관찰이다. 일정 시간을 함께 보내며 그들의 혼이 실린 연기와 가면 뒤의 진짜 모습을 포착해 내는 일이다. 앞서 이야기했듯 그런 순간은 감추려야 감출 수 없는 재채기처럼 튀어나온다.

그럼에도 단정 지을 수는 없다. '그럴 여지가 상당히 크다'라는 정도다. 다만 그 정도의 인식만 생겨도 최악은 피할 수 있다. 한가하게 진정성 타령하며 그들을 바꿔 보려는 무의미한 시도보다는 빨리 관계를 끊고 도망쳐야 한다는 판단, 도망치지 못한다면 나를 이용해 먹으려는 그 음흉한 포식자의 속내를 비교적 정확

히 포착해 선수를 치는 조치 같은 것 말이다.

물론 선부른 오해일 수도 있고 잘못된 판단일 수도 있다. 제시된 단서와 특징들이 100% 정확하거나 틀림없는 진리일 수 없다는 사실을 우리는 인정해야 한다. 그렇지만 신중에 신중을 기했다면, 개중에도 의심의 여지가 없는 명확한 근거와 단서를 활용했다면 분명 쓸모가 있다.

관계를 완성하는 또 다른 축, '나'

그동안 잘 살아왔는데 어느 날 알 수 없는 이유로 관계의 벽에 부닥쳤다면 내 주변에 소소한 소시오패스가 나타났다는 시그널일지도 모른다. 그 신호의 첫 번째 타깃은 자연스레 소시오패스라는 타인의 존재다. 얼마간 그 존재를 찾기 위해 노력했고 적절한 조치를 취할 수 있게 되었다면 그것으로 끝일까?

관계는 어느 일방의 존재만으로 만들어지지 않는다. 소시오패스라는 극단적 타인을 들여다봤다면 그래서 그들의 특질을 어느 정도 알게 되었다면, 그 다음은 관계의 또 다른 한 축인 '나'라는 존재의 탐험으로 이어지는 것이 자연스럽지 않은가?

이런 이유로 이 책의 두 번째 타깃은 다름 아닌 '나'다. 관계의 주체, 또 다른 중요한 한 축인 '나'를 돌아보는 일은 내 주변의 소시오패스라는 타인을 찾고 판단하는 일 못지않게 중요하다. 그들의 충격적 실체를 반면교사로 나 자신을 들여다보기에 최적의 타이밍이 아닌가? 나는 나를 잘 알고 있다고 믿겠지만 천만에. 이쯤에서 타인에 향했던 시각을 거두어 나에게 겨누면 미처 보지 못했던 나를 발견하게 된다.

그 과정에서 문득 누군가는 관계를 망치는 주범으로 '나'를 꼽고 있지는 않을까? 극단적으로 '나'라는 존재가 누군가에는 우.주.쏘.패적 존재로 인식된 것은 아닐까?라는 의심도 놓지 않는다. 또 하나의 소명이 생겼다. 결코 우.주.쏘.패가 아니라는 사실을 명확히 증명하기 위해서라도 나를 더 객관화해야 한다. 대체 나는 누구인가?

이 책의 목적은 그런 의미에서 명확하다. 우리 주변의 소시오패스를 되도록 정확히 가려내어 빨리 도망치는 것, 섣부른 어림짐작으로 엄한 사람 잡지 않는 것, 나부터 나를 제대로 알고 그들과는 다른 우리의 관계를 만들어 나가는 것이다.

C O N T E N T S

PART

02 나는 우.주.쏘.패와 일한다

나도 잘 모르는 나를 찾아서

PART

03 나는 여전히 나를 잘 모른다

PART 04 나는 비로소 당신이 보인다

"사이코패시(소시오패시)는 마치 예술과 같다.
정의할 수는 없지만, 보면 안다는 뜻이다."

– 제임스 팰런

1부

우.주.쏘.패를

우리 주변의 소소한 소시오패스

찾아서

PART

01

나는 우.주.쏘.패를 보았다

...

우리 쉽게 시작하자. 영화, 드라마, 소설 등 온갖 미디어에서 우리는 많은 소시오패스들을 만난다. 뉴스에서는 현실판 사이코패스, 소시오패스들이 종종 등장해 우리에게 충격을 준다. 더 자극적인 이야기를 원해서일까? 영화, 드라마, 소설 속 소시오패스는 때로 현실의 그것보다 더 생생하고 잔인하고 어떤 면에서는 창의적이다. 그래서 가끔 착각하기도 한다. 사이코패스? 소시오패스? 쉽게 구분할 수 있지 않을까? 이렇게 확실한 특징들을 어떻게 모를 수 있을까?

그런데 정말 그럴까? 뉴스 속 현실 사이코패스, 소시오패스가 등장할 때대부분은 극악무도한 범죄 행위로 인해 주변 사람들의 인터뷰는 마치 연습이라도 한 듯 한결같다. “아니, 그 사람이 그럴 줄 몰랐어요. 그냥 평범한 사람이었는데”라거나 심지어 동네에서 모범적인 축에 들었다는 인터뷰들도 심심찮게 본다. 괴물의 일을 저질렀지만 그들의 생김새는 전혀 그렇지 않다. 그저 일상의 평범한 이웃일 뿐이다.

현실에서는 그런 일이 어떤 식으로든 드러나야, 결과를 마주하고서야 비로소 그 실체를 알게 된다. 막상 그들을 일상에서 마주친다면 우리는 결코 그들의 정체를 단번에 알아볼 수 없다는 말이다. 그런데도 왜 우리는 그들을 어느 정도는 알고 있다고 생각할까? 전지적 독자 혹은 시청자 시점으로 그들을 보기 때문이다. 등장하는 캐릭터의 내면까지도 속속들이 들여다본다. 얽히고설킨 관계도를 위성에서 바라보듯 꿰뚫고 있으니 그 속에서 누군가 소시오패스로 설정되었다면 그 사실을 모를 리 없다.

뉴스에서는 실시간 속보로 그들의 극악무도한 범죄 행위들을 자세히 쏟아내지 않던가? 그런데 현실은 내 마음이 어떤지도 잘 모를 때가 많은 허점투성이 평범한 인간일 뿐이다. 더구나 연기에 능숙한데다 영악한 그들이라면 양심적인데다 두부처럼 물러터진 감성을 가진 어리숙한 우리쯤 거뜬히 속이고도 남는다. 문제는 미디어에 등장하는 소시오패스들도 부분적으로 혹은 전체적으로 오인되어 있거나 설정이 잘못되어 있는 경우도 많다는 점이다. 이는 현실 속 우리에게 심각한 오해와 착각, 혼란을 불러일으킨다. 바로 옆에 있는 그들을 못 보게 만들기도 하고 또 반대로 엄한 사람을 잡기도 한다.

이 장은 전지적 시점으로 그들의 '결정적 신scene'을 다시 들여다본다. 그 후 단서, 적용, 의심, 잠정적 결론의 순으로 정말 그들은 '그들'로 불려도 억울함이 없는지 짚어본다. 현실의 우.주.쏘.패들을 포착해내기 위한 전초전이랄까? 쉬운 탐험부터 시작해보자.

누가 조이서를 소시오패스로 만들었을까?

〈이태원 클라쓰〉라는 드라마가 있었다. 원래는 웹툰이 원작이다. 웹툰이 크게 성공하자 J방송사에서 드라마로 만들었다. 역시 크게 히트했다. 옆 나라 일본에서도 크게 인기를 끌었다.

여주인공 조이서김다미 分는 무려 소시오패스다. 공식 캐릭터 설명에도 당당히 그렇게 쓰여 있는데다 극중 제 입으로 '자신의 소시오패스 성향이 79%로 진단'되었다고 말한다.

드라마 초반 조이서는 고등학생 신분이다. 머리도 좋고 운동, 음악, 미술 등 못하는 것이 없다. 특히 자신이 원하는 것은 어떻게든 쟁취하고야 만다. 외국에서 전학을 온 만능 캐릭터로 학교에서도 독보적인 존재감을 드러낸다. 게다가 팔로워 수십만에 이르는 유명 인플루언서다.

하루는 교실 내 집단 괴롭힘을 목격하고 가해자를 응징하는데 이유가 놀랍다. 정의구현, 뭐 그런 거창한 게 아니라 자신의 잠을 방해하고 물건을 말없이 가져갔다는 이유에서다. 괴롭힘 장면을 휴대폰으로 찍어 자신의 SNS 계정에 올려버린다.

학교 친구이자 단짝인 장근수라는 인물도 조이서를 '소시오패스'라고 단언한다. 아예 처음부터 여주인공이 나 소시오패스요, 라고 광고하면서 시작하는 셈이다. 소시오패스라는 무시무시한 타이틀을 용감하게 붙였지만 이기적이고 자기밖에 모르고 원하는 것을 어떻게든 쟁취한다는 특질 외에는 천재적이고 재능 많은 독특한 '괴짜'쯤으로 인식하고 있음을 짐작케 한다. '그래도 될까?' 싶다가 조이서는 과연 '소시오패스가 맞을까?'로 이어진다.

드라마는 16부작에 이르는 만큼 스토리가 방대하다. 제멋대로인 소시오패스 조이서의 인생은 불행한 과거로 전과자가 된 박새로이박서준 分와의 만남 이후 드라마틱하게 변한다. 그 핵심엔 늘 그렇듯 주인공끼리의 사랑 이야기가 있다. 무려 S대 입학을 포기하고 그가 창업한 신생 포차에서 매니저로 일하며 그의 복수와 성장을 돕는다는 설정이다.

여기서 잠깐. 소시오패스가 타인과 사랑에 빠진다? 그리고 자기를 희생한다? 어쩐지 낯설다. 앞서 살펴본 단서를 가지고 와 보자. 소시오패스는 양심이 없다. 양심은 '타인에 대한 감정적 애착 과정에서 만들어지는 의무감'이라고 했다. 물론 드라마에서 박새로이라는 캐릭터는 멋지다. 게다가 과거의 원수를 마주친 결정적 순간에 그가 보인 당당하면서도 인내하는 태도는 평범한 군상들과는 어딘가 다르다. 소시오패스라던 조이서는 그 장면에서 박새로이에 어떤 '감정'을 느낀다.

정말 그녀가 소시오패스라면 이야기가 달라진다. 그들은 감정을 처리하지 못하기 때문이다. 감정을 느껴도 그것이 무슨 감정인지 해석할 수 없다. 감정적 애착이 애초에 없으니 의무감이나 책임감 따위를 느끼지 못한다. 그런 마당에 이성으로서의 호감이라면 더 말할 필요도 없다.

시간이 흘러 고등학생에서 성인이 된 조이서는 친구들과 이태원을 찾았다가 또다시 우연히 박새로이와 조우한다. 위기에 몰린 조이서를 박새로이가 구해주고 함께 이태원 거리를 뛰는 장면은 경쾌한 OST와 함께 가장 상징적인 신으로 꼽기에 손색이 없다. 우여곡절 끝에 두 사람은 술자리를 갖게 되고 조이서는 그와 사랑에 빠졌음을 끝내 인정한다.

게임 끝. 무슨 말이 더 필요한가? 조이서는 소시오패스가 아니다. 이 드라마는 우연이 남발되고 여주인공이 소시오패스라는 설정에 근본적 오류가 있지만 이들의 연기와 캐릭터는 그 허점을 압도할 만큼 매력적이다. 소시오패스의 특질은 누군가로 인해, 어떤 경험으로 인해 변하지 않는 것으로 알려졌다. '반사회적 성격 장애'로 분류되기도 하지만 당사자 스스로가 병으로 생각하거나 고쳐야 할 장애라고 인식하지 않아 추적도 식별도 치료도 어렵다.

《나, 소시오패스》를 쓴 소시오패스 변호사 M.E 토머스는 이성 관계에서 감정적 애착을 느낀 적은 단 한 번도 없고 단지 필요에 의한 관계를 유지해왔다고 고백한다. 감정적 애착의 결여는 심지어 가족도 가리지 않는다. 특히나 유아기를 지나 성인이 되어 그 특질이 이미 발현된 경우라면 개선 혹은 변화의 여지는 사실상 없다고 봐도 무방하다.

우리는 이들의 관계를 전지적 시점에서 샅샅이 지켜보았기 때문에 명백히 알 수 있다. '소시오패스'라던 조이서의 감정이 오고 간 흔적도 낱낱이 지켜봤다. 그녀가 자신의 성공을 혹은 이득을 위해 우직하고 멋스러운 박새로이를 이용하지 않았다는 사실은 명백하다.

'원하는 것은 어떻게든 쟁취한다'라는 특질 또한 소시오패스의 그것과는 차원이 다르다. 이들의 '어떻게든'은 수단과 방법을 가리지 않는 불법성과 비열함, 비양심을 포함한다. 조이서의 쟁취에서는 찾아보기 힘들다.

이런 이유로 조이서는 소시오패스가 아니다. 다만 자기중심적이고 타인에 별 관심 없던 여주인공이 운명의 상대를 만나 성격상 결함을 극복하고 꿈을 이뤄내는 성장 스토리에 더 가깝다. 심지어 사랑스럽기까지 하다. 조이서에게 소시오패스라는 무시무시한 이름을 붙이는 만행에 뒤늦게나마 제동을 건다.

장가長家의 남자들, 그 치명적 내력

장가長家의 장회장유재명 分, 그리고 그의 아들 장근원안보현 分은 주인공 박새로이와 원수지간이다. 그의 인생을 망친 원흉으로 드라마의 메인 클리셰인 '복수'의 대상이자 극복의 대상이다. 한마디로 '빌런' 부자다. 문제의 발단은 고3인 박새로이가 새 학교에 전학을 가면서부터다. 장 회장의 아들 장근원은 그 학교에서 무소불위의 권력자다. 약한 학생을 괴롭혀도 누구 하나 제지하지 못한다. 새로이는 전학 첫날 '놈'의 학폭을 목격하고 호기롭게 나서지만 담임선생님마저 별일 아니라는 듯 현장을 외면한다.

'자신이 학교의 법'이라며 오히려 건들거리는 '놈'에게 새로이는 급기야 응징의 주먹을 날리고 학교는 발칵 뒤집힌다. 소식을 들은 장 회장은 위풍당당 포스를 풍기며 학교를 친히 방문한다.

그런데 이 지점에서 우연을 가장한 악연이 얽힐 줄 누가 알았을까? 하필 새로이의 아버지가 장가의 직원이었던 것. 학교 후원자인 장 회장의 등장에 교장은 쩔쩔맨다. 누가 진정한 갑인지 힘의 역학 관계를 여실히 보여주는 상징적 장면이기도 하다.

오히려 가해자가 된 새로이와 피해자 코스프레 하는 장근원. 장 회장은 상석에 거만하게 앉아 '자기 아들에게 무릎 꿇고 사과하는 것'으로 이번 일을 무마해주겠다며 짐짓 대인배인 양한다.

그러나 새로이는 잘못한 것이 없으므로 사과할 수 없다고 소신을 당당하게 밝힌다. 아버지에게 그렇게 배웠노라며 뜻을 굽히지 않고 끝내 퇴학이라는 처분을 받게 된다.

경찰을 꿈꾸던 고3 학생은 그렇게 전학 첫 날 퇴학당하고 아버지 역시 젊음을 바쳤던 회사를 퇴사(당)한다. 아버지와 아들은 순두부찌개와 소주 한 병을 두고 마주 앉는다. 소주 한 잔을 달게 나눠 마신 부자. 그리고 아버지는 '사고를 치고 퇴학당한' 아들에게 소신 있게 살고 있어 자랑스럽다고 말한다.

소시오패스들은 이 먹먹한 장면을 보며 눈물을 흘리거나 가슴을 부여잡지 않는다. 다만 '아니 무릎 한번 못 꿇어서 퇴학당하고 퇴사 당하는 게 말이 돼?' 하며 고개 저을 뿐이다. 우리는 그 순간을 놓치지 않고 포착해야 한다. 이왕 우.주.쏘.패들을 찾기로 한 김에 줄줄이 굴비 엮듯 엮어 보자.

박새로이와 장가의 악연을 설명하기 위한 장면이면서 이 드라마의 진짜 소시오패스인 장 회장과 장근원 부자의 등장을 알리는 장면이기도 하다. 단서를 가지고 이 둘을 더 자세히 관찰해보자.

먼저 사건의 발단이 된 장근원. 타인을 재미삼아 괴롭히고 낄낄거리는 인성은 단서를 갖다 붙일 것도 없이 '반사회적 인격 장애'를 의심해볼 만하다. 거기에 주동자라면 더 볼 것도 없다. '아직 어리니까' 이딴 말은 집어치우자. 중2만 되어도 알 거 다 안다. '에이, 뭐 학창 시절엔 다 그런 거지' 싶다면 기억하라. 4%, 25명 학급이라면 적어도 1명은 그 성향을 타고난 '누군가'일 가능성이 있다는 말이 된다. 그 1명이 특별히 어떤 힘을 가졌거나 뒤 배경이 든든한 상황이라면 惡의 발현은 시간문제일지도 모른다. 96%, 우리 일반인은 타인을 괴롭혀 즐거움을 얻을 생각 자체를 못한다.

간혹 가해자 중 주동자의 협박에 의해, 어떤 약점이 잡혀서, 혹은 다들 그렇게 하니까 등등의 이유로 가담했다면 조금 더 두고 볼 여지가 있다. 처음부터 양심이 없는 것인가, 아니면 어떤 이유로 인해 원래 있던 양심을 어디론가 저당 잡힌 것인가의 문제는 큰 차이가 있기 때문이다. 우리는 앞서 일반인의 범죄율강력 범죄 비율을 포함하여을 살펴봤고 권위를 가진 사람의 명령에 양심을 저버린 상태로 복종할 수 있다는 '밀그램 실험' 결과 또한 알고 있다.

다시 드라마로 돌아가서, 진짜 사고는 그 이후에 벌어진다. 고등학생 신분으로 차를 뽑아 몰고 다니던 장근원은 하필 오토바이 배달을 하던 박새로이의 아버지를 추돌해 사망케 한다. 물론 고의는 아니다. 그야말로 사고다. 이후로도 우연은 남발되지만 작품을 논하려는 것은 아니니까 넘어가자.

사고 소식을 접한 장 회장은 즉각 돈으로 다른 사람을 매수해 아들 대신 죗값을 치르도록 조치하지만 우연이 남발되는 드라마 속 세상에 비밀은 없는 법. 사고를 일으킨 차가 장근원 소유라는 것이 밝혀지고 이 사실은 새로이의 귀에 들어간다. 분노한 새로이, 아버지의 장례식장을 뛰쳐나와 입원 중이던 장근원을 찾아내 이성을 잃고 주먹을 휘두른다.

결국 살인 미수죄로 실형까지 살게 되면서 주인공 새로이는 하루아침에 아버지를 잃은 전과자로 전락한다.

이때까지만 해도 장근원은 양심의 가책을 느낀다. 심지어 자수하겠다는 뜻을 장 회장에게 밝히며 괴로워한다. 분명 일말의 양심이 존재하고 있다는 증거다. 이를 나약하게 본 장 회장은 아들을 데리고 닭장으로 향한다. 그리고는 닭 한 마리를 잡아들고 아들 앞에 들이밀며 강요한다. 닭의 목을 비틀어 죽이라고. 주저하던 장근원은 울면서 닭의 목을 비틀고 이 사건 이후 완벽하게 변신한다. 피도 눈물도 없는 냉혈한으로.

닭 목을 비틀기 전 주저하고 자책하던 장근원의 모습은 전형적 소시오패시와는 거리가 멀다. 처음부터 양심이 결여된 상태라는 단서와는 맞지 않기 때문이다. 드라마 속 모습은 분명 양심의 가책이었다.

오수아권나라 分라는 또 다른 등장인물에 이성으로서의 호감을 갖는데 이는 연애 감정을 포함한 애착 관계가 결여된 소시오패스의 특질과도 거리가 있다. 다만 변신한 모습은 전혀 다른 사람이라 봐도 무방할 만큼 전형적 소시오패스의 모습을 띤다. 명백한 잘못에도 가책을 느끼지 않고 끝없는 변명과 자기합리화로 일관한다. 마지막 회에 이르러 사람을 납치하거나 살인도 불사하겠다는 극단의 모습은 교화의 여지가 없는 소시오패스 범죄자 그 자체다.

장근원의 변화는 실로 변화무쌍하다. 원래 양심도 없는 냉혈한이었다가 양심의 가책에 눈물을 흘리는 연약한 소년이었다가 계획적 납치, 살인도 불사하는 악인으로 휙휙 변신한다. 뭔가 뒤죽박죽이다.

다음 장 회장. 외식업계에서 자수성가한 대단한 기업인이지만 그 과정이 시원치 않다. 수단과 방법을 가리지 않고 성공을 위해 달려왔다. 극 중반 장가의 성장에 결정적 기여를 한 '비법 소스'의 개발자가 밝혀지는데 다름 아닌 새로이의 아버지 박 부장. 결국 장 회장은 자신의 성장에 결정적 기여를 한 충성스러운 직원의 공을 가로챈 것도 모자라 자식 간 싸움에 불과한 사소한 일로 회사에서 내치고 심지어 죽음으로까지 내몬 냉혈한인 셈이다물론 우연한 사고였지만.

사고 처리 과정은 또 어떤가? 일말의 머뭇거림도 없이 사건의 은폐를 주도하고 실행한 악인 중의 악인이다. 아들 장근원에게 닭을 죽이도록 강요한 이유는 그들 밑에서 일하는 모든 이를 그저 수단과 도구로 보게 만들려는 의도였다. 심지어 극 중반 회사 이미지에 심각한 타격을 입힌 아들을 비정하게 내치고 실형을 받게 하는 장면에서는 이득을 위해서라면 가족도 예외 없는 전형적 소시오패스의 단면을 선보인다. 감옥에 갇힌 새로이를 찾아가 '이득이 없다면 고집이고 객기일 뿐'이라며 적반하장 하는 장면은 그의 내면을 고스란히 보여주는 상징이 아닐 수 없다.

드라마 종반, 마침내 자신을 무너뜨린 박새로이 앞에 무릎을 꿇고 사죄를 청할 때도 진정한 반성보다는 합병을 모면해 보겠다는 얄팍한 계산으로 일관한다. 다만 처음부터 양심이 결여된 상태였는가를 판단할 단서가 없다는 점을 제외한다면 장 회장의 모든 행태는 소시오패스를 고스란히 묘사한 교과서라 해도 무리가 없다.

애꿎은 소시오패스 타이틀을 조이서에게서 장 회장에게로 옮기는 것이 어떨까? 장근원은 유예다어쩌면 설정 오류였는지도.

석률에게 왜 그랬어요? 성 대리

언제적 〈미생〉이야 싶겠지만 이만한 직장생활 드라마도 없다고 생각한다. 등장인물들도 많고 상하좌우 캐릭터도 다양하다. 판타지다, 비현실적이다 비판도 있지만 비슷한 환경에서 16년간 직장생활을 해온 경험으로 봤을 때 현실성면에서 큰 무리는 없지 않나 싶다. 〈미생〉이 방영되던 시절, 드라마가 시작되면 길거리에 사람이 없다고 할 정도로 큰 인기를 끌었던 모양이다. 드라마 〈미생〉 역시 동명 웹툰윤태호 作을 기반으로 제작됐다. 정작 본방 할 때는 관심 없다가 뒤늦게 정주행 하며 빠진 케이스다. 웹툰의 인기가 드라마로 이어지는 추세의 시초가 아니었을까?

이 대단한 드라마에서 우.주.쏘.패를 찾는 우리의 여정에 주목해볼 사람은 섬유 팀 성 대리태인호 分다. 물론 훌륭한(?) 자질을 가진 후보들이 여기저기 넘치지만 현실에서 가장 있을 법한 주인공으로 손색이 없다.

성 대리는 주인공 장그래임시완 分의 동기이자 꽁지머리 한석률변요한 分의 직속 상사다. 드라마 초기에는 정체를 감추다가 점점 그 실체가 드러난다. 성 대리는 한석률을 교묘히 이용해 먹는다. 자신의 일을 야금야금 떠넘기는 것은 물론, 커피를 사오라며 카드를 주는데 이런! 카드가 정지됐다. 어쩔 수 없이 본인이 결재하지만 이만한 일로 따지거나 돈을 받아내기에는 뭔가 좀스럽다. 쿨 하게 자신이 쏘는 것으로 한다.

직속 사수와 신입사원의 관계에서 그런 일들은 비일비재하지 않느냐 싶겠지만 이게 좀 묘하다. 큰 문제라면 대놓고 불만을 제기할 수도 있겠는데 업무부터 시작해서 커피 같은 사소한 사적 문제까지 이용당한다는 생각이 쌓여만 간다. 시차로 인해 밤 12시에 보낸다는 해외 바이어의 물품 리스트를 정리하고 퇴근하라는 지시, 심지어 다음날 새벽에 있는 조찬 모임에도 참석하라는 지시 등 불합리한 지시들이 이어진다. 그렇게 떠넘겨진 일의 공과는 결과에 따라 달라진다. 잘된 일은 자기 공으로 돌리고 잘못된 일은 석률의 책임이다.

중요한 일이 있다며 야근을 자처하지만 전형적인 보여주기다. 이 여자, 저 여자에게 전화하며 술 한잔, 영화를 제안하며 빈둥

거리다 과장이 퇴근하면 이내 자리를 뜬다. 다음날 회의에 쓸 자료를 정리해야 하지만 한석률에게 떠넘긴 상태다.

뭔가 문제가 있다. 장면 하나. 한석률은 동기들을 불러내 답답함을 토로한다. 술잔을 연신 비우며 열변을 토로하는 중 '따르릉' 울리는 전화기. 성 대리다. 잔뜩 취한 목소리로 석률을 자신이 있는 술자리로 부른다. 내키지 않지만 자리가 만들어진 김에 속내를 털어 놓을 요량으로 성 대리를 찾아간다.

고급 술집. 이미 양주 두 병을 깠다. 석률은 술에 취해 자신의 잘못을 인정하는 듯한 성 대리에게 얼마간 마음이 풀리고 조심스레 그간의 크고 작은 부당함에 대해 호소한다. 성 대리는 신입에게 네 일 내 일이 어딨느냐며 적반하장으로 나오고 급기야 소시오패스가 아니냐는 발언과 함께 술자리를 박차고 나와 버린다. 드디어 등장한 소시오패스. 어쩐지 대상이 뒤바뀐 것 같다. 술값 60만 원이 석률에게 청구된 것은 덤이다.

장면 둘. 섬유 팀의 수출 물량이 늘어나 자체 공장의 생산 케파capa.를 늘리던지 하청업체를 찾아야 한다. 성 대리는 자체 생산으로 충분하다며 호언장담한다. 생산 라인에 노후한 구식 장비를 쓰면 된다는 논리다. 인턴 시절부터 현장에서 상황을 지켜봤던 한석률은 반대한다. 노후 장비의 위험성 때문이다. 실제 공장은 야근, 주말을 가리지 않고 풀가동되어 특근 중이다.

결국 과장은 성 대리의 호언장담을 믿고 하청업체 선정을 보류한다. 얼마 후 공장 생산직 근로자들이 본사로 들이닥친다. 보이콧이다. 노후 설비의 위험성과 현재 수준으로 감당하기 어려운 물량을 들어 더 이상 강요하지 말라는 요구다. 성 대리는 막무가내다. 공장장이 약속하지 않았느냐고 오히려 '버럭'한다. 일정까지 납기를 못 맞추면 공장에 책임을 묻겠다며 협박이다. 그 과정에서 '무식한 사람들'이라는 비하도 서슴지 않는다. 상황은 걷잡을 수 없이 커지고 '파업' 선언과 함께 미팅이 결렬된다.

장면 셋. 하청업체인 C실업을 유난히 싸고도는 성 대리에게 석률은 마침내 의심을 품는다. 모종의 관계가 있음을 확신하고 어느 날 성 대리의 뒤를 밟는다. 쌍안경까지 챙겨 용의주도하게 성 대리를 추적하는 한석률. 마침내 C실업 이 부장여자 부장이다과 한적한 곳에서 만나는 장면을 목격하고 증거를 잡으려는 찰나, 반전이 펼쳐진다. 뒷돈 수수 정도를 예상했었지만 그 둘은 부적절한 관계였던 것. 석률은 서둘러 현장 사진을 찍어 확보해둔다.

성 대리의 석률에 대한 괴롭힘은 이후에도 계속된다. 아버지 환갑을 맞아 이미 승인까지 받은 경조휴가마저 취소하라며 윽박지른다.

더 이상 참을 수 없게 된 석률은 사진 증거를 인화해 회사에 투서하려 하지만 이내 마음을 고쳐먹고 증거 사진을 불태운다.

그런데 하늘이 노했을까? 웬 남자가 섬유 팀 사무실에 찾아와 성 대리를 찾는다. 다름 아닌 이 부장의 남편. 그 역시 두 사람이 만나는 증거 사진을 들고 와 성 대리를 쥐 잡듯 잡는다. 한바탕 소동이 일어나고 흠씬 두들겨 맞은 성 대리는 구두도 신지 못한 상태로 쫓겨나 비상계단에 앉아 있다. 구두와 휴지를 챙겨온 석률에게 휴지가 아닌 물티슈를 챙겨오지 않았다며 '센스 없는 새끼'라는 멘트를 날려주는 센스.

자, 이쯤 됐으면 누가 소시오패스인지 답이 나왔다. 소시오패스, 참 무서운 낙인인데 하필 유력 후보자의 입을 통해 튀어나왔으니 과감해져도 될 듯싶다. 성 대리는 드라마 내내 그 소시오패스의 몇 가지 단서를 지속적으로 보여준다. 사람을 자신의 이득을 위한 도구로 이용한다. 사람을 지속적으로 괴롭힌다. 목적을 위해서라면 수단과 방법을 가리지 않는다. 명백한 잘못이 밝혀진 후에도 양심의 가책이나 반성이 없어 보인다. 쪽팔림도 모른다.

우리가 목격한 이와 같은 단서만으로도 우리 주변의 소소한 소시오패스 낙인을 줄 만하다. 성 대리, 억울하진 않겠지?

참지 말고 도망쳐, 박 과장

점심 식사 후 사무실로 돌아온 영업3팀 오 과장이성민 分, 김 대리김대명 分, 장그래. 낯선 인물이 창밖을 바라보며 서 있다. 오 과장과 김 대리는 그 정체를 확인하고 그 자리에서 굳어버린다. 서서히 몸을 돌려 그들을 맞이하는 낯선 인물. 중동 통 박 과장김희원 分이다.

중동 관련 아이템을 준비하던 영업3팀에 충원됐다. 첫 만남부터 박 과장은 장그래를 향한 인신공격 세례다. '고졸 출신 낙하산', '얼굴 마담' 따위의 편견과 차별, 수위를 한참 넘은 발언들이 거침없다.

우리의 주인공 장그래는 '인내'라는 주특기를 발휘해 모욕을 참아내지만 불편한 공기와 팽팽한 긴장감이 첫 대면을 휘감는다. 썩

달갑지 않은 시작으로 영업3팀의 일원이 됐지만 박 과장은 업무보다는 다른 일에 관심이 더 많다. 업무시간 중 주식 시황을 보는 것은 기본이고 업체 사람들을 만난다며 외부에서 당구를 치고 사우나에서 시간을 보낸다. 심지어 타 팀 여직원들에 성희롱 발언을 서슴지 않는다참고로 이 자리에 하필 성 대리가 함께했던 것은 우연일까?. 위태로운 상황들이 수시로 연출되고 급기야 오 과장의 강력한 경고를 받은 박 과장은 자신이 이전 팀에서 가지고 온 요르단 사업에 전념키로 한다. 사업을 키워보라는 오 과장의 오더에 반색하는 박 과장. 그의 사업 계획을 꼼꼼히 들여다보던 오 과장의 눈에 무언가 걸린다. 파트너 업체 측 이익이 지나치게 높게 책정된 것.

"대기업의 이기심이 보이지 않아"라는 말로 이례적인 상황임을 설명하고 김 대리와 장그래를 업체 측에 보내 이야기를 들어보라 지시한다. 그리고는 곧바로 부장을 찾아 문제가 있음을 보고한다. 요르단 건은 이미 내부 검토가 끝난 상황으로 만약 문제가 불거지면 결재를 한 임원진 모두 책임에서 자유롭지 못한 상황이다. 결정 난 사항을 다시 들쑤시는 것이 무슨 의미인지 아느냐는 부장의 경고에 오 과장은 마음이 무거워져 갈등한다.

한편 업체를 방문한 김 대리와 장그래는 그곳에서 박 과장을 마주한다. 박 과장은 두 사람을 향해 이미 결정된 사항 뭘 더 알고 싶어 왔느냐며 과잉대응을 하고 김 대리는 그렇게는 알 수 없으니 확인 차 온 것 아니냐며 맞선다. 오 과장은 갈등 끝에 모두를 위해 덮겠다고 하지만 회사는 정식 대응을 하기로 결정한다.

본사로부터 감사팀이 출발했다는 소식을 접한 업체는 요르단 현지에 팩스를 요청하는 등 부산해진다. 박 과장의 백 마진 정도로 생각했던 사안은 업체 측의 행동을 유심히 관찰한 장그래의 기막힌 통찰력으로 그 전모가 드러난다. 현지인으로 위장한 박 과장과 그 친지들이 아예 유령 회사를 만들어 경영진으로 참여하고 있었던 것. 결정적 순간 모든 계획이 탄로나 넋이 나간 박 과장을 지켜보며 오 과장은 왕년의 박 대리를 회상한다.

창사 이래 단일 규모로는 최대 계약을 따내는 데 큰 역할을 했던 박 대리. 자축 분위기가 이어지고 박 대리는 엎어질 뻔한 계약을 성사시킨 주역으로 스포트라이트를 받지만 대형 계약의 열매는 모두 회사로 가고 그 일을 성사시킨 개인, 자신에게는 그저 짧은 찬사와 월급쟁이로서의 현실뿐이라는 자각을 한 이후 심경의 변화를 일으킨다. 우연히 업체로부터 쏠쏠한 뒷돈을 받는 재미에 눈을 뜨고 급기야 적극적으로 백 마진을 뜯어내는 데 익숙해질 즈음, 아예 유령 회사를 인수해 본인이 영업하는 대로 따박따박 앉아서 가욋돈을 챙기라는 악마의 목소리에 거대한 일탈을 현실화하게 된 것이다.

고졸, 낙하산, 계약직이라는 비하는 물론 성희롱도 서슴지 않는다. 일의 성공, 그 자체에 만족하지 못하고 그 성과가 자기에게로 향하지 않음에 분개한다. 불법과 규칙 위반, 반칙을 서슴지 않는다. 그 과오가 탄로 나도 반성이나 자책 없이 누군가를 탓한다. 글쎄 박 과장이 원래부터 양심이 없었는지 아니면 돈에 눈이 트인 그 시점부터 원래 있던 양심이 없어졌는지는 알 수 없다. 다만 사람에 대한 기본적 예의와 존중이 결여되고 모든 진실이 밝혀져 자신의 악행이 만천하에 드러나는 마지막 순간까지도 가책 따위 느끼지 않는 모습에서 우리는 그의 정체를 미루어 짐작한다.

드라마 말미, 오 차장과 장그래가 회사를 떠나고 김 대리는 홀로 남는다. 함께했던 추억을 회상하며 독백한다. “쏜살같이 가는 게 시간이더니, 재미없네.” 김 대리는 이후 회사를 떠나 오 차장, 장그래의 중소기업에 합류한다. 기쁨에 서로 얼싸안는 세 사람.

재미가 없어 일탈을 꿈꾸는 그들, 재미가 없어 옛 사람을 찾는 우리.

이 지점에서도 우리와 그들의 명확한 차이를 알 수 있다.《진단명 사이코패스》의 저자 심리학자 로버트 D. 헤어는 ‘사람은 변한다. 하지만 성격상의 특징이나 행동 패턴은 평생 변하지 않고 그대로 남는 경우가 많다’고 했다.

현실에서 박 과장을 만나거든, 경고한다. 무조건 피하라.

365일 앵그리 모드, 마 부장

시종일관이다. 작품 속에서 마 부장손종학 分은 악의 화신이다. 단 한 장면도 긍정적으로 묘사되지 않는다. 연기자가 아니라 현실 부장을 캐스팅한 것 아니냐며 마 부장 캐릭터원작인 웹툰에는 정확히 일치하는 캐릭터가 없다. 드라마 속 마 부장은 창작된 캐릭터에 가깝다에 환호(?)하지만 사실상 그런 정도의 극단적 부정성을 가진 사람은 현실에 많지 않다.

일단 얼굴 표정부터 짜증 한 가득이다. 따뜻하거나 인자한 리더로서의 이미지는 제로에 가깝고 막말과 욕설은 기본 장착이다. 요르단 중고차 사업 재검토를 요청하는 오 차장 면전에서 대놓고 막말과 욕지거리 세례다. 이 새끼, 저 새끼는 친근할 정도다.

극중 마 부장과 오 차장은 여러모로 극과 극이다. 줄을 잘 잡은 탓인지 원인터 에이스 부서장으로 평가받는 마 부장과 달리, 줄이라곤 잡아본 적도 없고 실적도 보잘것없는 일만 떠맡는 오 차장은 화장실 앞 최변방 신세다. 물리적 거리만큼이나 모든 것이 멀다.

원래부터 안 맞는 사람이니까 그럴 수도 있지 않느냐고? 그냥 인성 자체가 그렇다. 대상이 누군지 가리지도 않는다. 싫어하는 사람에게는 더 가혹할 뿐이다. 오직 상사에게만 고분고분할 뿐 자신의 지휘 하에 있는 모든 사람들을 하대하는데다 종일 앵그리버드 모드다. 요즘 세상에 막말하고 욕설까지 내뱉었다가는 블xxx 같은 커뮤니티에 당장 올라 봉변을 당하기 십상이겠지만 워낙 빌런 연기가 찰져서 심지어 골라보는 맛이 있을 정도다.

마 부장의 여성에 대한 시대착오적 편견 또한 심각한데 직위고하를 가리지 않는다. 영업1팀을 맡고 있는 선 차장신은정 分에게는 '너 같은 여자를 데리고 사는 남편에게 고맙다고 해라'는 성차별과 인신공격성 발언도 가리지 않는다. 심지어 과거 여직원 성희롱 건으로 사내 윤리위에 회부되어 곤욕을 치르고도 신입사원 안영이강소라 分에게 '분 냄새' 운운하는 고위험 수위의 발언을 서슴지 않는 것을 보면 과거의 경험을 바탕으로 새로운 것을 학습하지 못하는 부류임에도 틀림없다. 이 과정에서 피해 여직원 측 증인을 선 오 차장에 대한 개인적 악감정을 품고 있음이 밝혀지기도 했다.

이런 사람에게 타인을 향한 감정이입이 있을 리 없다. 감정지능이 애초부터 결여된 어떤 종족의 특질을 고스란히 보여준다. 급기야 부하직원들에게 인격 모독은 물론 손찌검을 하는 장면도 등장하는데 그야말로 사내 악인의 전형을 보여주고 있다 해도 과언이 아니다. 골고루 한다.

그렇다면 일에는 공정한가? 인간성은 개차반이지만 그래도 능력 좋고 실적 따박따박 나오면 그게 진짜 리더 아니냐는 인식이 현실 아닌가? 마 부장은 그럼에도 불구하고 일적으로는 나무랄 데가 없는 사람인가? 그럴지도 모른다. 극중 내로라하는 대형종합상사의 에이스 부서 부장에 오른 사람의 능력이라면 이미 검증되었다고 보는 것이 타당할 것이다. 차장, 부장 고스톱 쳐서 딴 게 아니라면 수많은 경쟁 속에서 차근차근 성장하고 특별한 도태 없이 에이스 부서의 책임자가 되는 일은 생각보다 훨씬 어려운 일이다.

그런데 그 역량마저 의심케 하는 장면이 나온다. 안영이의 사업 계획을 본사에서 승인하자 본사 애들이 뭘 아냐며 자신이 미는 자원3팀의 안으로 대처하라고 압력을 가하는 장면 말이다. 정식 절차를 거쳐 결정된 사안마저 막무가내다.

기시감. 규칙을 대수롭지 않게 여기고 과정보다 결과만 좋으면 된다는 극단적 결과지향주의자. 오직 자신만이 옳다는 오만함. 마 부장은 중요한 고비마다 타인을 짓밟고 부하직원의 공을 빼앗는 식으로 자신의 경력을 쌓아올렸는지도 모른다. 자신의 성공을 위해 위로는 줄을 대고 아래로는 자신의 백업을 만드는 일에 여념이 없는 사람, 일 자체보다는 정치에 공들이는 사람. 우리는 현실에서 그들을 비교적 쉽게 발견하고 마주한다.

안타깝지만 그들에게 부하직원은 그저 게임판 위의 게임 말일 뿐이다. 인간에 대한 배려, 공정, 부하직원의 성장에 대한 관심은 없고 어떻게 하면 성과를 내서 나를 빛내고 더 높은 곳으로 올라갈 수 있을까?에만 몰입한 사람들. 그들은 수시로 막말과 욕설을 내뱉는다. 편견에 가득 찬 발언을 서슴지 않는다. 규율과 규칙, 투명성과 공정성에 대한 가치를 비웃고 오직 결과로만 승부하겠다고 서늘한 눈빛을 레이저처럼 쏘아붙인다.

우리 시대 마 부장은 그렇게 노골적이지 않은 모습으로 자신의 정체를 숨기고 이곳저곳에서 연기를 하고 있을지도 모른다. 그렇지만 그 본성, 특질을 영원히 감출 수는 없다.

고길동은 피해자라니까?

feat. 둘리와 그 일당들

고길동이 불쌍해지면 나이가 든 증거라 했다. 유년과 성년의 사이에 넘을 수 없는 4차원 선의 상징이랄까? 듣고 보니 그럴 듯했다. 어린 시절 둘리를 보면 불쌍했으니까. 엄마와 헤어져 생판 모를 남의 집에서 눈칫밥을 먹는데다 못된 고길동의 갖은 구박은 다 받았으니 말이다.

그런데 요즘은 둘리를 아는 것 자체가 나이 듦의 증거라는 말도 돌고 있으니 '세월 참' 싶다. 정말이지 성인이 되어 돈을 벌고 가정을 이루어 살다보니 이젠 고길동이 보이는 거다. 제 식구 먹고 살기도 힘든 각박한 세상에, 세상에 웬 퍼런 공룡 새끼와 외계인과 서커스단에서 도망친 타조까지 거둬 먹여 살리고 있으니 말이다.

백 번 천 번 고길동 씨의 고충이 이해되고 둘리 일당이 얄미워진다. 이거 〈세상에 이런 일이〉나 〈인간극장〉에 나와도 무리가 없을 사연 많은 사연이다. 거기에 얌전하기라도 한가? 툭하면 무언가를 박살낸다. 고길동의 애장품 레코드판 컬렉션부터 시작해서 전축, 자동차에 심지어 집까지. 스케일은 나날이 커진다. 그런데도 강제로 내쫓거나 밥을 두 끼 이상 굶기는 일도 없다. 꼬박꼬박 삼시세끼 밥을 챙겨 수저를 놓고 함께 밥을 먹는다. 그리고 셋이 같이 지낼 방 하나를 내놓는다. 이쯤 되면 쌍문동 천사다.

그렇지만 어린이의 눈은 엄연히 다르다. 고약한 고길동이 그 패거리에 당하는 모습을 보며 통쾌했으리라. 늘 화난 표정, 호통과 고함을 지르는 고길동은 악 그 자체였을지도 모른다. 현실이라는 렌즈가 결여된 악과 선의 명확한 대립 구조에서 둘리 일당은 분명 선이었다. 이들이 하는 일이라곤 노는 것, 그리고 희동이를 봐주는 일이다. 그런데 어느 순간부터는 봐준다기보다 같이 논다. 사실상 군식구 한 패거리다.

뭐 좋다. 어린 동심의 재기발랄함, 순수함, 그리고 철없음이라고 하자. 그런데 그들이 벌인 행각은 과연 동심이라고 불러도 될 만한 일인가. 둘리는 엄마와 떨어져 빙하를 타고 서울 한강에 내려와 고길동의 아들딸인 철수와 영희에게 발견되어 집에 들어왔다. 도우너는 깐따삐야별 성인으로 타임 코스모스가 고장 나 지구에 추락해 같이 살게 됐다. 또치는 서커스단에서 공연하다 탈출해서 이들에 합류했다. 한마디로 이들의 나이를 가늠할 수 없는 거다. 철없는 유아 수준이라고 하기엔 어딘지 어색하다. 많이. 적어도 사리분별 할 수 있는 연령은 아닐까?라는 이야기다.

그런데 사고를 칠 때는 동심에 호소한다. 집안 물건을 박살내는 사고는 사고도 아니다. 집을 부수는 어마어마한 사고를 치고도 꿀밤 한 대 맞거나 밥 한 끼 굶는 정도다. 그래서일까? 이들은 반성이란 게 없다. 자책하거나 책임을 지지도 않는다. 오히려 고길동이 자신들을 괴롭혔기 때문이라며 책임을 돌린다.

좋다. 여기까지는 그래, 동심에서, 철이 없어서 그렇다고 치자. 아이들이 열광하는 이유가 자신들과 동일시되는 면이 있겠지라고 너그럽게 봐주자. 제목도 아기공룡둘리인 만큼 아직 아기라고 보자.

문제의 '길동씨 표류기'편. 안방극장용 애니메이션으로 제작된 총 26화 시리즈의 마지막편이다. 방에서 무위도식하던 둘리와 일당. 길동 씨는 둘리 일당에게 빗자루를 쥐어주고 청소를 시킨다. 빗자루가 하나밖에 없어 멀뚱멀뚱 서 있던 도우너와 또치. 마침 담벼락에 빗자루 하나가 보인다. 둘리는 자신이 쓸던 빗자루를 도우너에게 넘기고 빗자루를 주워 와 청소를 계속한다. 알고 보니 마녀 할머니의 마법 빗자루다. 땅바닥을 쓸며 고향에 가고 싶다고 말하자 둘리는 순식간에 북극으로 순간 이동한다.

이쪽과 저쪽을 오가는 소동 끝에 빗자루의 비밀을 알게 된 둘리와 일당. 길동 씨를 지구상에서 가장 위험한 곳으로 보내 버린다. 영문도 모른 채 아마존 밀림에 오게 된 길동 씨. 악어에 쫓기고 피라냐에 뜯기고 아나콘다를 만나고 온갖 죽을 고비를 넘긴다.

사건 발생 15일, 아직 실종 상태인 길동 씨. 뉴스에 나올 만큼 사건은 커지고 길동 씨 실종 사건을 시청하며 둘리와 일당들은 우리가 범인이라며 낄낄댄다. 졸지에 남편과 아빠를 잃은 정자 씨와 철수, 영희. 그들의 애타는 마음에도 아랑곳 않는다. 조금의 양심의 가책도 없다. 심지어 납치 사건 용의자로 옆집의 마이콜이 의심받고 수사까지 받지만 진짜 범인들은 천하태평이다. 음식을 준비하며 길동 씨 걱정에 눈물 바람인 정자 씨. 그 모습을 짜증스럽게 지켜보던 도우너는 정자 씨마저 아마존으로 보내 버린다.

2주가 더 흐르고 집안은 난장판이 된다. 마이콜은 또다시 유력 용의자가 되어 수사를 받고 졸지에 고아가 된 철수와 영희는 힘들어한다. 그 상황에서도 둘리와 일당은 아무런 죄책감이 없다. 야생동물이 판치는 가장 위험한 동네에 한 달 가까이 사람을 방치하고도 아무런 조치를 취하지 않는다. 혹시 죽었을지도 모른다는 말을 내뱉으면서도 태연한 일당들.

철수와 영희가 엄마, 아빠를 찾으며 우는 모습을 보고 걱정하는 것은 또치뿐이다. “아저씨 잘 계신지 살짝만 보고 올까 걱정되잖아”라고 눈물짓는 또치에게 도우너가 무표정으로 말한다. “뭘 보냐. 난 싫다. 뭐가 걱정돼. 똥이가 없으니까 편하기만 하구만. 이왕이면 작은 똥이희동이도 없앴으면 좋겠다.”

이쯤 되면 어린이 프로가 아니라 사이코패스 범죄 드라마다. 그 중 가장 악질인 도우너. 그런데 가만 생각해보니 그는 다름 아닌 외계인이다. 다른 종족이다. 아, 그렇지. 외계인이지. 둘리도 공룡이고 또치는 타조지.

어린이 만화영화의 에피소드를 보고 이렇게까지 심각해질 필요가 있을까? 싶다면 그래, 저들은 사람이 아니니까로 넘어갈 수 있겠다. 그런데 사람이 단체로 모여 저런 일을 실제 벌였다면 그 일당이 어리다는 이유로 웃고 넘길 수 있을까? 누가 봐도 심각한 ‘반사회적 범죄’ 아닌가? 멀쩡한 사람이 아무런 준비도 없이 아마존 밀림에 버려졌다면 하루도 버티지 못하고 죽거나 다치거나 비극이 생겼을 일이다. 그럴 것임을 예상 못할 리가 없다. 고의적이고 의도적인 악행이다.

결국 에피소드는 길동 씨와 정자 씨가 집으로 돌아오는 해피

엔딩으로 끝나지만 이번엔 마이클이 문제다. 아무런 이유 없이 납치 용의자라는 의심을 받고 조사를 받는 등 고초를 겪은 것도 모자라 최종적으로 아마존에 남겨진다. 또다시 개운치 않은 뒷맛을 남긴다.

대체 무엇을 위한, 어떤 메시지를 주고 싶은 에피소드였을까? 행여라도 저 일당들이 자행했던 행위가 재미삼아, 그럴 수도 있는 일, 심지어 통쾌한 복수극으로 아이들에게 읽혔다면 그 부작용은 없을까? 그저 만화영화 한 편에 급 정색하는 지나친 기우일까?

Remember me? 죽은 '소시오패스'의 날

한국에 둘리가 있다면 미국에는 〈토이 스토리〉가 있다. 사실 직접 비교 대상은 아니지만규모나 지향점이나 퀄리티 등 각국을 상징하는 애니메이션이라는 공통점만 가지고 무리하게 엮어봤다.

세계 최초 장편 3D 애니메이션으로 상징성이 큰 〈토이 스토리〉를 만든 픽사는 대단한 애니메이션 제작사다. 개인적으로 가장 '애정'하는 혁신 기업으로 늘 이들을 훔쳐본다. 그들의 문화, 사람, 그리고 작품에 이르기까지 놀라운 경험과 배움의 '꺼리'들로 기업 전체가 가득 차 있다. 내놓는 애니메이션마다 최고의 성과를 올릴 수 있었던 비밀부터 스티브 잡스Steve Jobs, 애드 캣멀Ed Catmull, 존 래세터John Lasseter 등등 화려한 면면의 창업자와 경영진까지.

아, 물론 이들 중에 우리가 탐험 중인 우.주.쏘.패 후보가 있어 거론한 것은 아니다. 그 후보는 이들의 인상적인 작품 〈코코〉 안에 있다. 〈코코〉는 멕시코의 명절인 '죽은 자의 날'을 배경으로 음악을 하고 싶은 무차초소년 미겔의 환상적 모험과 성장을 그린 작품이다. 개인적으로 픽사의 수많은 명작들 중에서도 유독 마음이 가고 뭉클한 감동이 있는, 단연 최고로 꼽는 작품 중 하나다. 2017년 개봉해 아카데미, 골든글로브 애니메이션 작품상 등을 받았고 흥행에도 성공했다. 'Remember me'와 같은 작 중 OST는 따뜻하고 감미롭다.

미겔은 음악에 남다른 열정과 재능을 가지고 있다. 그의 가족은 대대로 신발을 만드는 '리베라' 가문으로 하필 음악가에 대해 극도의 반감을 가지고 있다. 특히 미겔의 할머니는 음악과 음악가라면 치를 떠는데 바로 그녀의 할아버지 때문이다. 그는 음악가로 이곳저곳 떠돌며 공연을 하는 삶을 살다, 끝내 가족에게 돌아오지 않았다.

어린 딸과 함께 남겨진 할머니는 살기 위해 신발을 만들어 팔기 시작했고 가업을 번창시켜 오늘의 리베라 가문에 이르게 했다. '코코'는 작품의 제목이자 주인공 미겔의 증조할머니로 저승 세계와 이승 세계의 중간 지점에서 매개하는 역할로 등장한다. 작중 '에르네스토 델라크루즈'는 멕시코 최고의 음악가로 사후에도 그 명성이 자자하다. 미겔의 섭동자행동과 동기를 부여해주는 역할로 녀석의 음악에 대한 열정과 꿈을 불어넣는 영혼의 멘토다.

'죽은 자의 날'은 멕시코 최대의 명절로 죽은 조상의 사진을 제단에 올려놓으면 금잔화메리골드가 깔린 길을 밟고 방문한다는 믿음에 기반한다. 멕시코 사람들은 이날을 맞아 조상의 묘를 찾거나 집에 마련된 제단에서 이들을 기리고 얼굴에는 해골 분장을 하며 축제를 즐긴다. 축제에 음악이 빠질 수 있나? 특히나 음악에 열광적인 멕시코 특유의 흥겨움을 엿볼 수 있다.

미겔은 그 음악이 좋다. 자신만의 아지트, 작은 다락방에는 '영웅' 에르네스토 델라크루즈의 사진과 브로마이드들이 붙어 있고 고물 티비와 VTR을 연결해 그의 영화와 음악을 들으며 기타를 연주한다. 기타는 델라크루즈의 기타를 본 따 자신이 직접 만든 것이다.

눈을 감고 기타를 연주하는 미겔의 얼굴에는 행복이 가득하다. 화면 속 델라크루즈는 마치 미겔에게 전하듯 한마디를 던진다. 'seize your moment기회를 잡아.'

언젠가는 그와 같은 위대한 음악가가 되겠다고 다짐한다. 코앞으로 다가온 '죽은 자의 날'을 기념해 광장에서는 music festival이 열린다. 미겔은 참가하고 싶은 마음이 굴뚝이다. 자신의 꿈을 펼칠 기회라고 생각하지만 가족들이 걸린다. 특히 자신을 끔찍이 아끼는 할머니는 음악이라면 더 끔찍하다.

그러던 어느 날, 미겔은 조상들의 사진 액자를 모셔놓은 제단을 청소하다 실수로 맨 위의 액자를 떨어뜨려 깨뜨린다. 미겔의 grand grand mother, 그러니까 고조할머니와 증조할머니어린 시절의 코코의 사진이다. 한 귀퉁이가 접혀 있는 것을 발견하고 펼쳐보니 사진의 머리 부분이 잘린 남자가 기타를 들고 이들과 함께 서 있다. 음악 때문에 가족을 버렸다는 고조할아버지가 아닐까?

미겔은 그가 들고 있는 기타를 보고 경악한다. 자신이 그토록 닮고 싶었던 에르네스토 델라크루즈의 그 기타 아닌가? 미겔은 흥분에 휩싸여 사진을 들고 밖으로 뛰쳐나가 가족들 앞에서 외친다. “델라크루즈가 우리 가족이었다구요.”

미겔의 아지트가 털리고 급기야 직접 만든 기타까지 압수당해 박살이 난다. 미겔은 울면서 집을 뛰쳐나가고 무작정 페스티벌에 참가하기로 결정한다. 그런데 어쩌나, 페스티벌 참가 조건은 자신의 악기가 있어야 한다. 미겔의 기타는 이미 박살 나버렸지 않았는가. 미겔은 거리 뮤지션들에게 악기를 빌려보지만 여의치 않다. 마침 광장에 우뚝 서 있는 델라크루즈의 동상 현판에는 ‘Seize your moment’라는 문구가 선명하다.

순간 공동묘지 안에 있는 델라크루즈의 기념관에 전시된 델라크루즈의 기타를 떠 올리고 꺼내오기로 마음먹는다. 공동묘지는

'죽은 자의 날'을 맞아 사람들이 북적거렸지만 델라크루즈의 기념관은 한산하다. 우여곡절 끝에 델라크루즈의 기타를 손에 넣고 '좌창' 하고 기타를 튕긴 순간 저주에 걸려 죽지도 살지도 않은 상태가 된다. 이내 죽은 사람들이 눈에 보이기 시작하고 급기야 제단에 올려진 사진 속 조상들을 잇따라 만나게 된다.

자신들을 알아보는 미겔을 마주하고 이내 저주에 걸렸음을 알아챈 조상들은 그를 죽은 자의 세계로 데리고 가 저주를 풀어보기로 한다. 미겔의 실수로 깨진 액자의 주인공 고조할머니 이멜다와도 만나게 되고 가족의 축복을 받으면 저주를 풀고 되돌아갈 수 있다는 사실을 알게 되지만 이멜다는 음악을 포기하라는 조건을 건다.

음악을 포기할 수 없었던 미겔은 고조할아버지인 델라크루즈를 찾아 축복을 받기로 결심하고 우연히 그와 친구라고 주장하는 떠돌이 부랑자 헥토르를 만나 여정을 함께한다. 우여곡절 끝에 죽은 자의 세계에서도 최고의 인기를 누리는 델라크루즈를 만나게 되지만 그 명성에 비해 무언가 석연찮은 델라크루즈. 과연 그는 고조할머니 이멜다의 생각처럼 가족도 안중에 없는 냉정한 사람이었을까?

비밀은 마침내 밝혀진다. 생전 실제 친구이자 음악 파트너였던 두 사람. 델라크루즈, 그의 출세를 이끌었던 모든 곡들은 다름 아닌 헥토르의 작품이었으며 가족에게 돌아가려는 헥토르를 독주로 살해한 사람 역시 델라크루즈였다는 반전이 펼쳐진다.

특히 딸 코코를 생각하며 만든 'Remember me'는 델라크루즈의 대표곡으로 둔갑해 그를 인기 절정으로 이끌었다. 자신의 생명과 가족, 음악. 그 모든 것을 빼앗고 그 대가로 부와 명성을 누려온 델라크루즈의 실체를 비로소 마주하게 된 헥트로, 그리고 미겔. 두 사람은 경악한다.

델라크루즈는 모든 실체가 드러났음에도 반성은커녕 오히려 이들을 또다시 곤경에 빠뜨리고 자신의 지위를 유지하기에 여념 없다. 가족이 그리워 집으로 돌아가겠다는 친구에게 이별을 위한 잔이라며 독이 든 성배를 권한다. 그렇게 일말의 가책도 없이 죽마고우를 살해하고 그의 작품까지 빼앗아 허명을 얻는다. 심지어 그 과정을 영화화해 자신이 피해자가 되는 연기를 한다. 막대한 부와 명예를 얻지만 그 과정에 대해 반성이나 양심의 가책을 느끼지 않고, 오히려 친구 헥토르를 탓한다. '네가 떠나려 했기 때문'이라는 변명으로 자신의 살인과 더러운 성공의 과정을 스스로 정당화한다.

양심의 결여, 반성이라곤 없는 철면피. 그 과정을 아무런 감정 없이 오히려 이용해 먹는 대담함. 소시오패스다. 우리 주변에 분명히 존재하지만 속내를 감춰 자신을 숨기고 오히려 인정받기까지 하는 전형적 우.주.쏘.패.

작품 속 델라크루즈는 생전 죽었던 방식 그대로 커다란 종에 또다시 깔리는 것으로 응징을 당하고 주인공들은 행복을 되찾지만 현실은 어딘가 그런 결말과는 거리가 멀다. 그들은 우리의 쓸만한 강점과 취약한 약점을 꿰뚫어 보고 집요하게 접근한다. 언젠가 의심스러운 누군가 건배를 권하거든 한발 물러서 지켜보라. 혹시 아는가?

내 편도 네 편도 없다. 냉혈한 '신세계'로의 초대

〈신세계〉는 한국형 느와르로 대단한 인기를 끌었던 영화다. 표절 논란도 있었지만 조폭의 세계를 실감나게 풀어낸사실성과는 거리가 다소 있지만 수작으로 스토리반전을 포함한, 영상미, 배우들의 명품 연기 등 영화를 구성하는 많은 면에서 시장의 호평을 받았다. '어이 부라더~' '드루와, 드루와' 같은 대사는 물론이고 영화 속 명장면들은 각종 개그, 예능 프로그램의 흉내 내기 단골 메뉴가 되었으니 말 다했다.

스토리는 생각보다 심플하다. '신세계'는 경찰의 프로젝트명이다. 전국구 조폭 조직인 '골드문'을 관리하는 장기 프로젝트다. 프로젝트의 초창기부터 선별된 경찰을 의도적으로 조직 내 잠입시켜 핵심인물로 성장시키고 그를 통해 조직 전체를 관리하고 제어하는, 일종의 공생 관계를 만든다는 설정이다. 경찰 수뇌부 입장에서는 그들을 뿌리 뽑는다 해도 새로운 세력이 등장해 그 자리를 차지할 테니 차라리 현재 수준의 골드문을 유지시키는 것이 서로에게 좋다는 발상인 셈이다.

경찰의 비호를 받는 아니, 관리를 받는 조폭이라니 어쩐지 위화감이 들지만 어쨌든 프로젝트는 착착 진행되어 첩자는 골드문 이사에까지 이른다. 여수 화교 출신 이자성이정재 分, 골드문의 넘버5쯤 되는 실세로 떠오른다. 조직을 양분하고 있는 화교파와 국내파 중 화교파로 그 수장 정청황정민 分의 오른팔 격이다.

이 모든 전략을 짜고 시나리오를 만들어 온 인물은 바로 본청 강 팀장최민식 分이다. 그는 당연히 경찰이다. 이분법적 사고로 보자면 그는 선의 편이어야 한다. 그런데 영화가 진행될수록 어딘지 전형적인 선과는 거리가 멀다. 악을 일삼는 조직을 응징하고 선을 실행하는 일보다는 어쩐지 자신이 만든 프로젝트, 가상의 세계에 집착한다. 자신의 생각과 의지대로 착착 움직이는 일만이 지상과제인 듯 개인화된 욕망이 그 안에 도사리고 있다. 강 팀장에게는 가족도 없다. 작 중 단 한 번도 언급되지 않는다. 오로지 자신의 프로젝트에만 몰두한다. 프로젝트가 순항하며 지위는 팀장에서 과장으로 오른다.

과연 그는 악을 응징하겠다는 순수한 선, 수호자라는 사명을 갖고 있긴 한 걸까? 의심스럽다.

이자성은 자신의 역할을 완벽히 이해하고 충실히 수행해낸다. 오히려 진짜 조폭보다 더한 일들도 마다하지 않으며 마침내 조직 내 실력자로 거듭난다. 프로젝트의 취지에 공감하고 나름의 신념과 명분으로 그 일에 임했지만 조직 내에서 승승장구할수록 정체성의 혼란도 함께 겪는다. 이러다 경찰이라는 본분을 완전히 망각하고 그야말로 깡패가 되는 것은 아닐까?라는 내면의 혼란이 엄습한다.

어쨌거나 프로젝트는 강 과장의 시나리오대로 움직여 마침내 새로운 조직의 후계자를 결정하는 최종 단계에까지 이르지만 곧 위기가 닥친다. 이런 현실에 신물을 느낀 이자성은 강 과장에게 조직의 회계 장부 등 굵직한 기밀을 넘기며 이번이 마지막이라고 통보하지만 강 과장은 조직에 정체를 밝히겠다며 그를 협박한다.

이자성은 그동안 결혼도 해서 아내는 임신 중이다. 그런데 그 아내마저 강 과장이 심어놓은 감시책임을 누가 알았을까? 노름꾼 아버지라는 약점을 잡아 프로젝트의 또 다른 희생양을 만들어냈다. 그녀 또한 강 과장을 만나 더 이상 감시책 역할을 하지 않겠다고 선언한다. 애초에 자연스럽지 않은 불순한 목적의 인연이었지만 결국 아이까지 갖게 되어 출산이 임박한 시점에 이중적 삶에 대한 모순을 더 이상 견디기 어려웠을 터다.

강 과장은 그녀의 처지를 긍휼히 여겨 절절한 호소를 받아들였을까? 역시나 이자성에게 정체를 알리겠다는 협박으로 그녀를 좌절에 빠뜨린다. 결과를 위해서라면 수단과 방법을 가리지 않는 성정, 약점을 이용해 자신의 의도대로 사람을 움직이는 수단성, 어딘가 낯설지 않다. 사람도 자신의 게임에 필요한 도구로 생각하는 전형적인 그들 말이다.

한편 골드문 정청은 강 과장의 뒤를 캐 '신세계' 프로젝트의 실체를 포착해내고 그 과정에서 정체가 탄로 난 경찰 측 희생자들이 발생한다. 이자성은 그 소용돌이의 중심에서 인간적 환멸을 느끼고 무엇이 악이고 선인지 혼란에 빠지게 된다.

강 과장에게 이자성은 어떤 존재였을까? 대의명분을 등에 업은 거창한 프로젝트 성공을 위해서라면 몇 사람쯤 게임의 말로 처리되어도 괜찮은 것일까? 의심의 여지가 없는 양심의 결여다. 어쩌면 대놓고 악을 자처하는 조폭들보다 더 비열한 악인에 가깝다. 소시오패스다. 영화의 숨겨진 반전은 사실 이런 질문을 던지고 있는지도 모른다. 누가 더 나쁜 놈인가?

더 궁금하다면 영화의 마지막을 열어보시라. 더 이상은 스포방지다.

아두를 땅바닥에 내팽개친 진짜 이유

> 한 여성 사이코패스에게 애인들 중 하나가 두 살짜리 딸을 죽인 사건에 대해 묻자 그녀는 냉담하게 대답했다. "자식은 언제든 또 낳을 수 있어요."
>
> – 《진단명 사이코패스》, 로버트 D 헤어

우리는 상상하지 못한다. 감히 입에 담지도 못한다. 어떻게 그럴 수 있을까? 보통 사람의 상식과 감정으로는 '생각 자체를 하지 못할 일'이라는 표현으로도 부족하다. 드물지만 절대 가치는 존재한다. 경우에 따라 그럴 수도 있고 상황이 바뀌면 고려해볼 수도 있는 문제가 아니라 고정불변의 진리 같은 것 말이다. 그것은 배우거나 이해시킬 문제가 아니라 우리가 숨을 쉬듯 당연한 일이다.

그런데 양심이 없는 그들은 그렇지 않은 모양이다. 그들이 존재하지 않았다면 '자식은 언제든 또 낳을 수 있다'와 같은 끔찍한 생각을 누군가 한다는 사실조차도 몰랐을 일이다. 동의하는가? 동의한다면 우리는 우리다. 다행스럽게도 그들이 아니다. 뉴스에 심심찮게 보이는 자녀 학대 문제, 급기야 사망에까지 이르게 하는 천인공노할 사건들을 지켜보며 우리는 참담함을 느끼고 분노한다. '인면수심'어린 생명을 그것도 제 배로 낳은 아이를 학대하다 못해 죽음에 이르게 하는 부모를 부모라 부를 수 있는가? 아니, 사람이라 부를 수 있는가? 어떤 경우에라도 변해서는 안 될 그 절대가치가 무너지는 현장에서 들려오는 그들의 항변, '어쩔 수 없었어요.'

사는 게 힘들어서, 원치 않는 아이여서, 그렇게 될 줄 몰랐어서. 뚫린 입으로 쏟아져 나오는 갖가지 변명들. 그 어느 것 하나 납득이 되는가? 그들에게는 납득이 되는 모양이다.

상황을 바꿔서 수백 년 전의 시대로 돌아가 보자. 인권 의식 따위 있을 리 없고 공공연히 계급이 나뉘어 사람이 사람으로 대접받지 못하던 계층이 엄연히 존재하던 바로 그 시절.

동양, 서양, 중국과 조선을 막론하고 그런 시절이 있었다. 풍요롭지 못했던 시기, 그저 먹고 사는 문제가 우선이고 시도 때도 없이 외적이 쳐들어와 무법천지가 되는 아수라장의 연속. 탐관

오리들은 힘없는 백성들을 수탈하기 바쁘고, 끝없는 노동에 인간다운 삶이란 아니 인간이란 개념조차 모호했을 그런 시기의 세상은 어땠을까? 삶의 조건 자체가 지금과는 비교도 되지 않을 만큼 달랐을 그 시대에도 평범한 우리가 있고 피도 눈물도 없는 소시오패스는 살고 있었을 것이다.

악조건 속에서도 '사람으로 태어나서 어떻게 그래'라는 최소한의 끈을 놓지 않는 사람들, '우리', 그리고 너무도 쉽게 그 끈을 놓고 자기만을 도모하는 사람들, '그들'이 있었을 것이다. 부성과 모성, 사람에 대한 기본적 감정은 크게 변함이 없었으리라. 제 몫이 없어도 굶어가는 제 새끼 입에 남은 음식을 털어 넣었으리라. 혹여라도 다치면 내 마음이 더 헐은 것처럼 아팠으리라. 그런 일들이 보편의 일이었을 것이다.

그런데 그런 보편의 일이 유독 무덤덤한 분야가 있다. 바로 영웅들의 이야기에서다. 이왕 시계를 뒤로 돌린 김에 우리가 비교적 잘 아는 중국의 삼국시대로도 가보자. 시대를 초월한 베스트셀러 《삼국지》를 타면 된다.

나는 《삼국지》의 많은 영웅 중 유비에는 별 관심이 없었다. 그의 삶이 어땠을지 별로 궁금하지 않았다. 무신 관우라든지, 충신의 대명사 같은 조자룡이라든지, 전장의 장수나 모사들에게 더 관심이 많았으니까. 그런데 《삼국지》를 곰곰이 되씹어 보니 유비의 행적 하나가 몹시 걸린다. 뭘까?

서기 208년 조조가 대군을 이끌고 형주로 남하하자 유비는 피난길에 나선다. 유비 군이 후퇴하니 형주의 백성 십수만이 따른다. 진정 유비의 인덕을 흠모해 백성들이 자발적으로 따라 나섰는지 혹은 조조의 추격을 뿌리치기 위한 하나의 방패막이로 이용했는지 알 수는 없지만 각종 기록과 소설에는 그렇게 묘사되어 있으니 일단 믿어보자.

피난 백성까지 합류한 유비 군은 기세등등한 조조 군에 금세 따라잡히고 그 와중에 유비는 글쎄, 자신의 아들 아두와 두 부인 감부인, 미부인을 버리고 홀로 내뺀다. '선주가 당양當陽 장판長阪에서 조공曹公-조조에게 추격당해 처자를 버리고 남쪽으로 달아나자.' 이는 《삼국지》 조운전의 기록이다. 이후 사료나 소설에는 마차가 느려져서 유비가 제 손으로 버렸다는 이야기도 있고 따로 호위를 했으나 놓쳤다는 이야기도 있지만 어쨌거나 역사적 사실은 유비가 제 피붙이를 버리고 저 혼자만 도망갔다는 것이다.

'자식은 언제든 낳을 수 있어요'라고 했던 여성 사이코패스의 인터뷰가 오버랩 된다. 뭐, 좋다. 전쟁 통에 가족과 떨어진 피난민이 얼마나 많았겠는가? 그런데 일반 평민도 아니고 군주의 가족이 어떤 이유로든 적군의 진중에 통째로 내팽겨 쳐지는 일은 얼마나 잦을까? 물론 우리의 영웅 조자룡이 단기필마로 수십만

조조 군을 헤집어 그 귀한 아두 공자님과 감부인을 구해 오는 판타지를 선사하지만, 이제와 돌이켜 생각건대 '유비는 과연 어떤 사람인가?'라는 근본적 질문을 던지게 한다.

유비는 그렇게 구해온 아두를 땅바닥에 팽개치며 '이놈 때문에 소중한 장수를 잃을 뻔했다'며 짐짓 울먹인다. 그에 감동받은 조운은 땅바닥에 엎드려 유비의 진심에 감동했다나. 땅에 엎드린 조운이 사실은 '제 친자식도 저럴진대 한낱 장수 나부랭이라면?' 이러지 않았을까? 심지어 살아 돌아온 감부인 외 미부인의 죽음을 애도하는 장면은 어디에도 찾을 수 없으니 유비에게 가족은 무슨 의미였을까?

그토록 백성들을 위한다면서 제 가족을 내팽개치는 이중성을 어떻게 설명할 수 있을까? 그는 양심도 부성애도 가족에 대한 사랑도 감정도 없는 소시오패스가 아니었을까? 백성들이야 그렇게 립 서비스를 해줘야 천하를 얻을 수 있다고 누군가 조언을 했을지도 모른다.

소시오패스의 가장 큰 특징은 연기다. 동정과 연민을 일으키는 동정 연기. 아두를 내팽개친 유비의 모습에 거룩한 연기자의 모습이 아른거렸다면 지나친 과장일까? 제 목숨 살리겠다고 갓난 아들과 두 부인을 적진에 팽개쳐두고 나 몰라라 했던 팩트를 우리는 어떻게 바라봐야 할까? 시대도 다르고 전쟁 통이라는 특수한 상황에서 그럴 수 있는 일이 된다면 그것은 과연 절대가치가 맞을까? 천하를 얻기 위해서라면 희생도 필요한 것 아니냐는 차가운 이성에 설득되어도 정녕 괜찮은 걸까? 그 이야기를 후세에 길이 전할 영웅의 에피소드로 남겨두어도 될까? 질문은 끝이 없다.

문제적 청년, 까르페 디엠 받고 '소시오패스'

'오늘 엄마가 죽었다. 아니 어쩌면 어제였는지도 모른다.' 알베르 까뮈의 소설《이방인》의 첫 문장이다. 글쟁이들이 손에 꼽는, 가장 인상적인 첫 문장 중 하나다. 처음 그 말을 들었을 때 왜?라는 의문이 들었지만 두 번을 정독하고 약간의 힌트를 얻었다. 소설의 시작과 끝을 관통하는 문장이기 때문일 것이다. 세상에서 가장 가까운, 자신을 낳아준 엄마가 죽었는데, 그 첫 반응이 이토록 담담한 무덤덤이라니. 무심히 넘겼던 첫 문장은 상상보다도 훨씬 무거운 결말을 등에 업고 다시 등장한다. 어쩌면 첫 문장의 담담함이 그 무거움을 더 배가시켰는지도 모르겠다.

뫼르소, 그는 엄연히 소설 속에 등장하는 허구의 인물이지만 동서양을 초월해 무수한 사람들이 그의 행적을 목격하고 지켜봤다. 실존하는 인물 어느 누구보다 현실에 큰 파장을 일으킨 문제적 존재로서 말이다.

첫 문장을 시작으로 뫼르소는 엄마의 장례식에 참석한다. 다니던 직장에 휴가를 요청하면서 왠지 사장이 못마땅해 하는 것 같은 기분이 들어 "그건 제 탓이 아닙니다"라는 변명을 한다. 장례식은 몇 년 전부터 엄마가 생활하던 양로원에서 치러진다. 버스를 놓치지 않기 위해 뛰었고, 버스 안에서는 휘발유 냄새와 하늘, 도로에 작렬하는 햇볕을 느끼고는 이내 잠이 든다. 양로원에 도착한 뫼르소는 엄마의 얼굴을 마지막으로 보겠느냐는 관리인의 제안을 거절하고 따뜻한 밀크커피를 마시면서 밤새 엄마의 관 옆을 지킨다. 이곳의 관행이라는 이유로 별다른 생각 없이 자리를 지킬 뿐이다.

밤이 되자 엄마와 친분이 있던 이곳의 노인들이 모여들어 함께 밤을 지새우며 누군가는 울먹이기도 하고 또 누군가는 침통한 표정을 감추지 못한다. 날이 밝고 장의사가 도착해서 장지에 이를 때까지 뫼르소는 따가운 여름 땡볕이 버겁고 힘들 뿐, 어서 이 시간이 지났으면 하고 생각한다. 엄마의 새 남자친구는 불편한 몸을 이끌고 장지까지 따라와 슬퍼한다. 이 모두가 엄마를 잃은 뫼르소와는 선명히 대비된다.

엄마의 장례식이 끝나고 집으로 돌아온 뫼르소는 남은 주말을 어떻게 잘 보낼지 생각한다. 해수욕장에 수영을 가기로 하고 그곳에서 평소 썸을 타던 마리 카르도나를 만나 감정을 나누다 밤을 함께 보낸다.

뫼르소는 엄마와 사이가 좋지 않았는가? 아니, 그렇지도 않다. 부양이 어렵다는 이유로, 그리고 엄마가 혼자 견디는 시간보다는 비슷한 처지의 사람들과 함께 어울리는 것이 더 좋을 것 같다는 이유로 양로원에 갔을 뿐이다. 설사 사이가 좋지 않았더라도, 그래도 엄마 아닌가? 그 죽음을 대하는 그의 정신세계는 어쩐지 이질적이다. 아니 불편하다. 문장 속에서 너무도 태연히, 자연스레, 무덤덤함을 꺼내놓은 탓에 그를 만나는 모두는 뒤늦게야 비로소 '아!' 하게 된다.

감정의 결여, 아니 '감정을 느끼지만 그 실체가 무엇인지 적절히 해석하지 못하는' 어떤 단서와 강하게 연결되지만 아직 작품 초중반이니 일단 더 두고 보자. 그렇게 마리와 깊은 사이가 된 뫼르소. 그는 자신을 사랑하느냐?는 마리의 질문에 그건 아무 의미도 없는 말이지만 사랑하는 것 같지는 않다고 말한다. 자신과 결혼할 의향이 있느냐?는 물음에도 마리가 하자고 하면 하겠지만 그게 누구라도 상관없다고도 한다. 이런 상황에서조차 오븐에 구운 피자 마냥 기름기나 수분을 쫙 뺀 솔직함이라니.

한편 뫼르소는 옆집에 사는 레몽이라는 남자와 우연히 저녁식사를 함께한 후 그럭저럭 잘 지내는 사이가 된다. 레몽은 종종 여자를 두들겨 패기도 하고 마을 사람들에게는 포주로도 알려져 있지만 뫼르소는 개의치 않는다. 심지어 두들겨 팬 여자에 관한 이야기를 진지하게 들어주는데다 그녀를 떼어내기 위해 편지를 대신 써달라는 부탁을 들어주기도 한다.

마리를 그에게 소개시켜줄 정도로 친구인 듯 아닌 듯 가까운 사이가 되고 어느 날 레몽의 친구 별장에 함께 놀러 가기로 한다. 그 과정에서 두들겨 팬 여자와 관계된 것으로 보이는 무어인알제리인들의 미행을 받게 되고 별장에 도착해 해수욕을 즐기던 중 그들과 맞닥뜨려 몸싸움까지 벌인다.

숙소로 돌아온 뫼르소와 일행, 뫼르소는 무슨 이유에서인지 권총을 차고 다시 해변가로 나가 작렬하는 햇볕을 온몸으로 만끽한다. 해변을 따라 걷던 뫼르소는 샘물가에서 쉬고 있던 무어인과 다시 조우하고 둘은 그 상태로 일정 시간 대치한다.

뫼르소는 발걸음을 되돌리면 아무 일도 일어나지 않을 것이라는 생각을 했지만, 쏟아지던 태양볕을 의식한 순간 총을 꺼내 발사한다. 이 장면을 기점으로 소설은 뫼르소의 살인죄 기소와 재판 과정을 다루는 후반부로 넘어간다.

1940년대 열강들의 어지러웠던 국제질서 속 사회상과 프랑스의 식민지였던 알제리에서 태어난 프랑스인으로서의 정체성 혼란 속에서 까뮈는 스스로를 이방인으로 생각했을지도 모르겠다. 그 문학적 의미와는 별개로 식민지 알제리에서 무어인을 살해하는 것쯤 별일 아닌 시대적 배경은 뫼르소가 충분히 정상 참작될 것이라는 기대를 암시한다. 뫼르소를 기소한 검사, 변호인, 배심원에 이르기까지 모두가 그렇게 생각했다.

그러나 뫼르소는 피해자에 대한 용서를 구하지도, 양심의 가책도 입 밖에 내지 않는다. 별 것 아니었던 재판 과정이 점점 심각해지기 시작하면서 법정 최고형인 사형을 언도 받을 가능성이 높아진다.

마침내 엄마의 장례식이 도마에 오른다. 그날 자신을 스쳐갔던 이들이 법정에 나와 엄마의 죽음을 대하는 자식의 태도에 대해 증언하기 시작한다. 엄마의 마지막 얼굴을 보려 하지도 않았으며, 밀크커피를 마셨으며, 눈물 한 방울 보이지 않았음을 고해바친다. 여자친구와 데이트를 하고 해수욕을 하고 사랑을 나누었음이 조목조목 드러난다.

뫼르소는 그 누구도 아닌 자신의 재판을 지켜보며 마치 타인의 그것을 보는 듯한 태도로 일관한다. 그러나 여전히 보편의 가치가 대중으로 하여금 탄탄하게 결속되는 데 필요한 '죄책감'이나 '반성' 혹은 엄마의 죽음을 당연히 애도하는 '건실한 청년'이라는 메시지를 줄 생각 따위는 없다.

결국 뫼르소는 사형을 선고받게 된다. 줄곧 접견을 거부하는 그에게 굳이 나타나 일장 설교하는 성직자. 그 앞에서 뫼르소는 처음이자 마지막으로 감정을 연소시킨다. 소설의 가장 격정적 장면에 이르러서야 비로소 그의 정체를 알게 되었다. 뫼르소는 그 이전까지 우리가 알던 종족이 아니다. 문학계를 넘어 그를 아는 온 세계에 '저 인간이 왜 저럴까?'에 대한 본질적 답을 제시한 셈이다물론 뫼르소라는 개인의 행위에 대한 개인적 견해일 뿐 작품 자체를 논할 생각이나 능력은 없다.

많은 평론가, 독자들은 이 문제적 명작에 등장하는 문제적 청년을 보다 긍정적으로 그리고 안타까운 마음으로 보듬는다. 까르페 디엠Carpe Diem. 현실에 충실하라는 계시에 따랐을 뿐인 이방인이라며 오히려 흠모한다.

그에 동의하면서도 마음속 깊은 곳에 몇 가지 부유물이 남아 떠다닌다. 현실에 충실하면 엄마의 죽음에 무덤덤해질 수 있는가? 이방인에 의해 희생된 식민지 무어인은 사람으로서 그 가치를 인정받을 수 없는가? 기껏 태양볕의 따가움 때문에 죽어간 한 생명은 어디에 언급되어야 하는가?

소설은 끝내 뫼르소라는 이종족의 시선에서 벗어나지 못한다. 그를 둘러싼 모든 생명과 사물과 정황들이 외면 받는다. 이기주의의 극한이다. 그의 '이유'없는 일탈이 충격으로 남는 데는 다 이유가 있다. 적어도 무정함의 면에서라면 의심의 여지가 없다. 왜 그에게 그토록 몸서리 쳤는지 이제 그 이유를 안다.

PART

02

나는 우.주.쏘.패와 일한다

···

주변 사람을 함부로 단정해도 될까? 내 판단은 정확할까? 내가 본 것이 착각이라면 누가 어떻고 저떻고 떠들 자격은 있을까? 사실 조심스럽고 겁나긴 한다. 그런 일은 종종 뒷담화로도 여겨지며 입에 오른 사람보다 입에 담은 사람이 더 타격을 입기도 한다. 별 근거도 없이 자신만의 감과 판단으로 섣부른 기정사실화를 해버리는 경우가 많기 때문이다. 그럼에도 우린 사람이기에 끝없이 누군가를 관찰하고 평가하며 단정하면서 산다. 아닌 척할 뿐. 그러나 납득할 만한 근거가 있다면 그리고 신중히 오래 관찰해왔다면, 무분별한 뒷담화라는 오해에서 벗어날 수 있을지도 모른다.

사이코패시 진단 툴인 PCLPsychological Checklist의 개발자인 로버트 D. 헤어 박사는 누군가를 진단하고 특정하는 일에 대단히 조심스럽다고 말한다. 툴이나 자신의 저서에서 제시된 전형적인 특징 및 행동양식을 보이더라도 사이코패스일 수도 있고 아닐 수도 있다는 입장을 고수한다. 특히 몇 가지 단서만을 가지고 정식 절차도 없이 섣불리 단정하는 우를 범해서는 절대 안 된다고 경고한다.

그럼에도 그들 종족이 일반 개인과 사회에 끼치는 악영향이 워낙 심각하고 파괴적이다 보니, 이미 검증된 단서와 신중한 관찰을 통해 실체적 진실에 접근하는 일은 더 이상 미룰 수 없는 과제가 되었다고도 강변한다. 살다 보면 겪게 되는 불일치, 예컨대 단지 서로의 입장과 스타일 차이라든지 좋고 싫음의 차원에서 오는 일반적인 갈등은 자연스럽다. 오히려 작은 갈등이 해결되는 과정에서 관계가 더 좋아지기도 한다. 물론 '서로 다름'을 억지로 맞추는 데도 한계가 있겠지만 노력 후 안 되면 다른 길을 찾으면 된다. 나와는 안 맞았을지 모르지만 또 누군가와는 잘 맞을지도 모를 일이다. 내게 유해하지만 타인에게 무해하지 않을 가능성이다.

그런데, 그 주변 사람 중 누군가가 아예 뇌의 구조나 사고방식 자체가 다른 소시오패스라면 이야기가 달라진다. 통계가 말하는 약 4%는 결코 적은 숫자가 아니다. 우리 팀이 10명으로 구성되었다면 0.4명, 옆 팀 그 옆 팀까지 합쳐 30명 조직이 하나의 사업부라면 그 중 높은 확률로 1명 이상의 완전히 다른 종족이 우리 옆에 존재한다는 뜻이지 않은가? 저 멀리 안드로메다나 드라마 영화 뉴스의 이야기가 아니란 말이다.

이들에게는 양심이란 게 없다. 양심은 '타인과의 감정적 애착 관계를 통해 형성되는 의무감'이라 했다. 기본적인 감정과 최소한의 의무감마저 결여된 無양심의 다른 종족이 내 옆에 있을 수 있다는 사실은 참 깝깝한 일인 거다. 회사는 알다시피 이윤을 추구하는 조직이다. 공적 관계로 이루어져 있다. 그래도 사람과 사람이 모여 있는지라 이내 사적 관계도 무르익게 된다. 공과 사의 구분이 엄격히 필요하지만 무 자르듯 일도양단할 수는 없다. 우리는 기계가 아닌 따뜻한 마음을 가진 '사람'이기 때문이다.

그런데 소시오패스들은 사람보다는 기계에 가깝다. 차가운 이성뿐이다. 양심도 없는 주제에 자기밖에 모른다. 특히 직장이라는 공적 공간에서라면 그런 특질은 더욱 더 도드라진다. 단기 성과와 숫자밖에 모르는 살벌한 게임의 장이라면 금상첨화다. 내 옆 사람은 존중하고 배려해야 할 동료가 아닌, 이용하고 밟고 올라서야 할 생존 게임 속 장기 말쯤으로 생각한다. 어떻게 하면 내 마음대로 움직여 내 승리에 기여하게 만들까? 그런 속내를 숨긴 채 연기할 뿐이다.

양심이 있는 우리는 양심이 결여된 그들의 머리와 마음을 이해하지 못한다. 아마 그들도 그럴 것이다. 다만 필요하다면 따뜻한 양심을 가진 우리를 지켜보며 얼마든지 복제해낼 수는 있다. 다른 별 종족이란 것을 들키면 자신에게 불이익이 올 수도 있으므로.

관계의 초기라면 연기하는 그들을 절대로 구분할 수 없다. 그들은 괴물처럼 생기지 않았다. 오히려 더 매력적이고 지적이고 논리적이고 카리스마 있어 보일지언정, 그 내면에 기계 같은 차가움을 숨기고 있을지 꿈에도 생각 못한다. 그런데 자세히 보면 보인다. 아무리 완벽하게 연기해도 연기는 연기일 뿐. 오리지널들만이 보고 느끼고 행할 수 있는 1% 묘한 지점의 결여가 순간순간 드러나기 때문이다. 기계의 마음을 가지고 연기를 하는 그들은 감정의 무궁무진한 변동성과 다양성을 미처 따르지 못한다. 그래서 가끔 재채기하듯 자신의 정체성을 불쑥 드러낸다.

연기에서, 미처 커버하지 못한 대화에서, 몸짓에서, 눈빛에서 급기야 사람 전체에서 그 단서를 찾아낸다. 그리고 어느 순간 알아챈다. 분명 어떤 스펙트럼을 벗어나 양극단에 속한 특징들이 불거지는 순간이다. '어, 뭔가 다른데.' 정신을 차려보면 누군가의 의도대로 움직이고 있는 나를 발견한다. 같이 고생했는데 성과와 하이라이트는 교묘하게 누군가에게로만 향한다. 기분 탓인가 싶은데 연말 성과 평가나 상사의 평판을 들어보면 정말 그렇다.

나는 마음을 주고 많은 것을 터놓는데 어쩐지 돌아오는 것이 없다. 오히려 진의가 왜곡되어 돌아오거나 가십, 헛소문의 대상이 되어 있는 등 탈이 난다. 열심히 하는 건 알겠는데 과정 자체가 위태위태하고 저렇게까지 하나 싶다. 내가 힘들고 괴로울 때 찾아보면 주위에서 홀연히 사라진다. 나는 그들이 왜 사라졌는지 이유도 모른다.

이런 느낌이 든 적 있다면, 어쩌나? 그들이 옆에 있었기 때문인지도 모른다. 뉴스에서, 영화에서, 드라마에서 보는 흉악한 범죄자들이 아닌 우리의 얼굴과 표정을 흉내 낸 우.주.쏘.패 그들 말이다. 그들을 제대로 알아보는 일은 또 다른 측면에서 큰 의미를 가진다. 단지 나와 다를 뿐, 타입이 맞지 않을 뿐인 사람을 근거도 없이 그들로 오해하지 않기 위함이기도 하다.

[당부]

이 장에 제시된 사례들은 가상의 회사 D를 배경으로 한다. 등장인물들은 창조된 캐릭터들이며 일부 사실을 소재로 각색된 semi-fiction임을 밝힌다. 혹시라도 특정 인물이 연상된다면 철저한 우연임을 못 박아둔다.

나 혼자만 산다, 어쨌든 주인공

P대리는 요즘 힘들다. 얼마 전 큰 프로젝트의 최종 결과가 좋지 않아 부서장에게 한 소리를 거하게 들었다. 내년 과장 진급 심사를 앞두고 개인 시간도 포기할 만큼 두 달여를 공들였지만 결과가 좋지 않아 스스로에게도 실망했다. 팀장이 넌지시 건넨 이야기에 따르면 연말 평가에서도 최저점을 받을 것이 거의 확실하다. 그 여파로 과장 승진은 물 건너갔다고 봐도 무리가 없었다.

엎친 데 덮친다고 최근 아버지마저 폐암 진단을 받았다. 불행 중 다행으로 비교적 초기에 발견되어 병원에서는 항암 치료로 완치 가능성이 높다고 했지만 개인적 불운이 잇달아 찾아오는 바람에 심적, 체력적으로 번아웃이 온 느낌이다.

L대리는 P대리와 동기로 이번 프로젝트에 같이 참여했다. L

대리 역시 내년도 과장 승진을 앞둔 터라 둘의 처지는 비슷했지만 L은 팀장이나 임원의 신임을 두텁게 받고 있어 연말 평가나 승진에서도 크게 불이익은 받지 않을 모양이었다.

평소 P대리와 L대리는 동기로서 가까운 듯 가깝지 않은 묘한 관계를 맺어왔다. 그 묘한 느낌은 주로 P대리에게 생기는 감정이었다. 입사 동기라 해봐야 이제는 몇 남지도 않은 터라 P는 L에 적어도 호감어린 애착을 가지고 있었다. 우연찮게 같은 부서에 배치되면서 평가나 승진 철이 되면 경쟁심도 생기긴 했지만 바득바득 이기고 앞서려는 생각보다는 함께 좋은 관계로 성장해 나가고자 하는 마음이 조금 더 컸다. 그런데 시간이 지날수록 L에 대한 알 수 없는 거부 반응이 생겨났다.

이번 프로젝트만 해도 연말 성과를 가를 정도의 중대한 일이었지만 L은 결정적 순간마다 이유를 대며 프로젝트에서 빠졌다. 나중에 전해 듣기로는 전무, 상무 등의 개인적 일과에 참여했던 것으로 밝혀져 남은 프로젝트 멤버들의 공분을 사기도 했다.

“윗분들이 L대리를 워낙 좋아하시잖아. 어쩌겠어? 위에 이쁨받는 게 죄라면 죄지.”

“아니, 그래도 그렇죠. 어디 한두 번이어야죠 대리님. 정작 제일 중요한 순간마다 어쩌면 그렇게 기가 막히게 빠져나가는지.”

그래도 P는 L을 두둔했다. 문제는 프로젝트 결과가 나온 후

벌어졌다.

"L대리, 아쉽지만 우리 프로젝트 수긍해야겠지?"

"야, P대리, 이번 결과 이렇게밖에 못했던 거냐? 이거 때문에 나도 피해 받게 생겼잖아."

"피해? 무슨 피해?"

"내년 과장 승진 대상인 거 몰라?"

"알지, 너랑 나랑 동기잖아. 나도 마찬가지지."

"그랬으면 잘 좀 했어야지. 이게 뭐냐. 상무님이 한소리 하더라고 나한테."

L은 짜증스러운 말투로 P를 탓하기 시작했다. 이미 L이 승진이나 평가에 큰 불이익을 받지 않을 것임은 기정사실이나 다름없었다. P와는 비교도 안 될 정도로 윗선과 가까운 L 스스로도 그 사실을 알고 있을 것이다. P는 L이 왜 이런 반응을 보이는지 이해가 되지 않았다.

"말이 좀 심하네. 그럼 넌 중요한 순간마다 뭘 했어? 두 달간 퇴근도 못 하고 밤새고 주말에도 나와 프로젝트 할 동안 넌 뭐했냐고?"

참고 참았던 P가 마침내 폭발했다.

"내가 놀았냐? 윗분들 비위 맞춰주고 이 프로젝트 잘 좀 봐달라고 내 나름대로의 역할을 한 거잖아. 너도 그렇게 하자고 동의

한 거 아니야?"

사실 놀았다. 아니 적어도 모두가 아닌 자기 자신을 위한 사심성 행동이었음을 부인할 수 없다. 유력자의 회식에 꼬박꼬박 참여하고 주말 골프에 자발적으로 쫓아다녔으니 말이다. 전무나 상무가 개인 시간까지 버리지 않아도 된다고 만류했음에도 본인이 자청해왔음을 이미 프로젝트 멤버들은 알고 있다. 아무리 좋게 포장해 봐도 결과가 그 사실을 증명해준다. 그래도 어쩔 수 없는 일 아니냐며 그를 감쌌던 P대리였다.

L은 일말의 미안한 기색도 없이 자기변명으로만 일관했다. P의 배려를 자기식대로 해석하고 이용한 셈이다. P는 이번만큼은 참지 않았다.

"내가 널 몰라? 네가 지금 이렇게 오히려 화를 내는 이유가 뭐야? 난 지금 일도 일이지만 아버지 암에 걸리셔서 몸과 마음이 다 무너지기 직전인데 동기한테 해줄 말이 그것뿐이냐고."

"내가 그렇게 되라고 기도라도 했냐? 나도 힘들어, 누군 뭐 좋아서 그러고 다닌 줄 알아? 자, 이거 보이냐?"

L은 소매를 걷어 팔에 난 상처를 보여줬다.

"이거 왜 생긴 줄 알아? 저 양반들 비위 맞추려고 앞장서서 길 뚫어주다가 긁혀서 생긴 상처라고. 나도 몸 다쳐가면서 내 역할을 다하고 있는데 뭐가 문제냐?"

P는 말문이 막혔다. 그간 L과의 사이에 흘렀던 묘한 기류의 정체들이 조금씩 선명해지기 시작했다. 입사 후 서글서글하고 붙임성 좋은 성격으로 동기 모두에게 적극적이었던 L, 그는 관계 초기에 사람들의 환심이라도 사려는 듯 친절하기 그지없었다. 생일이면 선물을 챙기고 동기들 술자리에도 빠지지 않고 유쾌한 광대 역할을 자처하기까지 했다. 그의 옆에는 많은 사람들이 있었지만 시간이 지날수록 하나둘 떨어져나가기 시작했다.

그들의 말은 한결 같았다. 자신에게 필요하거나 도움이 된다 싶으면 그렇게 잘할 수 없다가 정작 타인이 필요하거나 중요한 순간에는 쏙 빠져나갈 뿐 아니라, 자신에게 명백히 더 이로운 쪽으로 행동하기를 서슴지 않는다고 했다. 그런 불만을 누군가 털어놓을 때면 변명과 자기 합리화로 일관했고 관계의 끝은 언제나 일방적 단절로 결론이 난다고 했다.

L을 책망하던 동기들을 내심 이해할 수 없었던 P는 이제야 그들의 말이 이해되기 시작했다. 아니나 다를까? 이날 이후 L은 P와의 관계를 마치 칼로 무 자르듯 단칼에 끊고 투명 인간 취급하기 시작했다. 이듬해 L은 예상대로 나쁘지 않은 평가를 받고 과장으로 무난하게 승진했다.

P는 무슨 이유에서인지 임원에게 미움을 사 최하위 평가를 받고 승진에도 떨어졌다. '어디서부터 잘못된 것일까?' P는 생각에

잠겼다. 아무리 생각해도 L의 승진 축하 현장을 묵묵히 지켜보는 것 외에는 할 수 있는 일이 없다는 좌절감이 밀려들었다.

과정은 발목을 잡을 뿐. 은밀한 과정 설계자

처음에는 분명 순수한 시도로 보였다. 페이밴드pay band, 그러니까 직급별 급여 수준의 아래위 범위를 정해놓은 내부 지침으로 이것을 손댄다는 것은 전체의 임금 수준을 조종하겠다는 의미다.

"오랫동안 전체 평균 임금 수준이 정체되어 있어 경쟁사 대비 임금 경쟁력을 확보하기 어렵습니다."

"어느 정도야?"

"업계 평균 대략 5~6% 가량 미달인 상태고, 특히 공채 3급 신입 급여와 부장급 격차가 가장 큰 것으로 파악됐습니다."

보고서를 들여다보던 사장과 임원들의 표정이 굳기 시작했다.

"더 심각한 문제는 그 격차가 지속적으로 벌어지는 추세고, 그 여파 때문인지 저희 회사에 지원하는 우수 인력의 양적, 질적 수준이 점점 하락하고 있다는 점입니다.”

“이거 정확한 데이터야? 불과 몇 년 전까지만 해도 우리가 업계 선도 위치였는데 이렇게 역전됐다는 게 선뜻 이해가 안 되네.”

“네, 자료 조사는 P대리가 맡아서 했는데 여러 임원 분들께서도 아시겠지만 임금 수준을 워낙 대외비로 취급해 접근하기 어렵다보니 인맥을 동원해 알아보기도 하고 최대한 크로스체크 했다고 보고 받았습니다.”

사실 E차장의 이야기는 거짓말이나 다름없었다. 대외비로 관리되는 경쟁사 임금 수준을 정확히 파악하기 힘든 것은 사실이지만 회사마다 임금 체계가 상이하다는 허점을 이용해 총 보상 기준으로 들어가고 빠지는 부분을 자의적으로 믹스해 입맛에 맞는 데이터를 가공해 낸 것이다. 당사 임금은 기본급 수준으로, 임원진이 강력한 라이벌 의식을 갖고 있는 경쟁사는 일부 변동급을 포함해 산정하는 방식으로 상황에 따라 해석의 여지가 다를 수 있는 묘한 자료를 만들어 보고서에 올렸다.

‘각 사별 대외비 자료 확보의 어려움으로 총액 설정 기준이 일부 다를 수 있다’는 내용은 깨알 같은 크기로 화려한 그래프 밑에 써두었으나 그 내용을 유심히 보는 임원은 다행히 없었다. 누군가 이의를 제기하면 ‘그 부분을 감안하더라도 기존처럼 우위를 점하는 수준은 되지 못할 것으로 예상한다'라고 말할 참이었다. 최후의 순간에 이르면 기꺼이 자료 조사는 P대리가 했다고 발을 쏙 뺄 생각이었다.

물론 조사와 보고서 작성은 P대리가 진행했다. 데이터 조합을 이렇게 저렇게 하라는 지침은 분명 E차장의 뜻이었지만 뭐 어떤가? 그래도 만약의 경우 그 부분을 자신이 책임지겠다는 생각은 조금도 하지 않았다. 사실은 사실이니까.

"이렇게 집계를 해도 될까요? 기준이 일정하지 않아서 말이죠."

"P대리, 경쟁사 임금 조사가 장난이야? 중요한 건 블라인드되어 있어서 대략적인 수준으로밖에 접근할 수 없다는 거 몰라? 어쩔 수 없이 그간의 경험과 직감으로 예측하는 거야, 예측 알아?"

"뭐, 그렇죠. 내부 인원도 아닌데 정확한 임금이야 알 순 없겠지만 다른 건 몰라도 특히 이 부장급 페이밴드는 이렇게까지 차이 나도 되나 싶어서 말이죠."

"그동안 하후상박 알지? 상대적으로 차부장급들이 손해를 많이 봐왔잖아. 위에서 불만이 없어야 전체적으로도 좋아지는 거라고. 중요한 포인트는 말이야, '우리의 임금 경쟁력을 확보한다'라는 점이라고. 다 우리 구성원들 좋자고 하는 일이야. 사소한 오류 정도는 대의를 위해 대범하게 볼 필요가 있다고."

P대리는 뭔가 찜찜함을 느끼면서도 어차피 100% 정확한 비교

데이터 확보는 불가능하다는 사실을 인정하고 좋은 게 좋은 거라는 E차장의 말에 따르기로 했다.

E차장은 P대리의 사수로 입사 때부터 함께 일해 왔다. 그는 둥글둥글 성격 좋아 보이는 P를 처음부터 찍어서 데려왔다. 신입사원으로 입사한 P에게 입사 당일부터 E식 업무 지시가 쏟아졌다. 워낙 집요한 성격으로 한 가지 보고서를 최소 세 가지 옵션으로 작성하는 것이 기본이었다. 뻔한 결론도 무조건 윗분들을 고려해 세 가지 버전을 고집했다.

P대리는 사원 시절 그 집요함에 치를 떨었다. 야근과 주말 근무는 기본이었다. 다만 채찍만 휘두르지 않고 적절한 시점에서 당근도 내밀었다. 일은 일대로 시키지만 그래도 밥도 잘 사주고 자신이 인정받는 만큼 부하직원의 능력도 인정받게 해주었다.

P는 모든 신입사원들이 다 이렇게 일하려니 싶었다. 그러나 E와의 관계에서 인간적 유대를 느낀다기보다는 어쩐지 고용인과 피고용인의 관계랄까? 회사 내에 또 다른 계약 관계가 있는 것은 아닐까? 하는 생각을 종종 하곤 했다.

E는 한 번 정한 목표는 수단과 방법을 가리지 않고 손에 쥐고야 마는 성격이었다. 평소 붙임성도 좋고 쓸데없는 농도 잘 건넨다 싶은 면모도 있었지만 정작 자신과 연관된 일이라면 냉정한 독사로 변해 물불 가리지 않았다. 상대의 심정이나 의견 따위 관

심도 없다는 듯 함께 일해보지 않은 사람이라면 원래 알던 사람이 맞나 싶은 순간을 종종 연출하곤 했다.

일에 있어서도 정작 본인은 쫓기지 않는다. 언제나 느긋한데 밑의 직원들만 죽어난다. 잘해 줄 때는 간도 쓸개도 빼줄 만큼 이런 상사가 있나 싶지만, 자신의 기대에 미치지 못하거나 격무에 지쳐 자기 목소리를 낼라치면 순식간에 표정이 변한다. 마치 잡아먹을 듯한 눈빛으로 서늘함을 발산하는데 그 기에 못 이겨 이내 말을 주워 담고 만다.

페이밴드 조정 관련한 보고서 역시 그런 식으로 만들었다. 3가지 옵션 모두 타 직급 대비 부장급 밴드의 상승 폭이 상당히 컸다. 그 이유를 설명하는 데 상당 부분의 논리를 썼다. '경쟁력 있는 신입 확보를 위해 임금 수준을 조정한다'는 최초의 목적과는 어딘가 거리가 멀어보였지만 서늘한 눈빛 세례를 떠올리면 절로 몸서리가 쳐졌다. 어느 순간 P대리는 길들여지듯 E차장의 의도에 최대한 맞추는 사람이 된 것이다.

마침 경기가 좋아져 회사의 실적도 순항을 거듭했고 보고서의 논리에 별다른 이의를 제기하지 않은 임원진과 대표의 재가로 보고서는 목적을 이뤄냈다. E차장은 결과의 성공을 자축하며 P대리에게 거한 저녁을 사주었고 그의 얼굴에서는 은은한 미소가 퍼져 나왔다.

"과정은 중요한 게 아니야, 알아? 결과, 결과만 보라고. 그게 승자의 방식이야." 그의 미소는 그날따라 기괴해 보였다.

그리고 1년 후, E는 부장으로 승진했다. 인사 발령지에 박힌 그의 이름을 보고 P는 그제야 제 손으로 바꾼 새 페이밴드의 최대 수혜자가 E라는 사실을 깨달았다.

찍히면 끝까지 간다.
기만, 거짓, 파괴 전술의 달인

면접 전형은 순항 중이다. 약 3년만의 신입 채용이다. N차장은 대기실을 휘 둘러봤다. 팽팽한 긴장감이 흘렀다. 서류 전형을 통과한 이들의 첫 번째 관문은 실무 능력을 위주로 평가받는 실무자급 면접이다. 3년만의 공개 채용이지만 서류 전형만으로도 최종 채용예정 대비 무려 100:1의 경쟁률을 넘어섰다. 무려 10년도 넘은 자신의 취업 준비생 시절과 비교하면 격세지감이다.

"어떻게 보면 조금 안쓰럽네요, 저들이. 해외 연수에 자원봉사에 각종 활동에 자격증에 어학점수에…. 어휴, 저는 지금이라면 어디든 들어갈 수나 있을지. 다행이다 싶기도 해요."

서류 전형부터 실무를 맡은 H대리의 말에 N차장은 가볍게 고개를 저었다. 채용 총괄 책임자인 N차장은 사실 면접 대기실을 둘러보며 일종의 우월감 같은 것을 느꼈다. 그들이 고통을 겪으면 겪을수록, 어려움에 처하면 처할수록 그저 시대 탓을 하는 루저들의 아우성일 뿐이라고 생각했다. 자신의 취준생 시절에도 취업은 어려웠고 그 조건은 다 같았다. 목표를 정해 열심히 했고 누구보다 뛰어났기 때문에 이 자리에 올 수 있었다고 스스로를 치켜세웠다. 어차피 이들이 겪는 고통은 어디까지나 자신의 운이나 운명이며 그래도 될 놈은 다 되지 않느냐 싶었다. 안쓰러움 운운하는 H대리는 참 순진한 사람이라고 생각했다.

"H대리는 참 낭만적인 사람이야."

'그렇게 물렁해서 세상 살아나갈 수 있나? 그래서 자네가 계속 좋은 평가나 승진에서도 물먹는 거야'라는 말이 뒤를 이었지만 속으로 삭히는 것이 더 이롭다는 것을 이제는 안다.

"저기요, 채용 담당자님이신가요?"

열심히 무언가를 읽고 중얼거리며 외우고 있던 한 지원자가 손을 들고 N차장을 향해 질문했다. H대리와 이야기 중이던 N차장의 미간 주름이 깊어졌다.

"채용 담당자 아니고, 책임자입니다. 차장입니다."

"아, 몰랐습니다. 혹시 오늘 면접에 대해서 살짝 힌트 같은 것 좀 주실 수 있으신가요?"

면접 대기자들의 시선이 순간 집중되었다.

"이름이 뭐죠?"

"예, 마케팅 부문 지원자 김XX입니다."

"지금 여기서 힌트를 주면 여기 있는 사람들도 모두 그 힌트를 들을 텐데 본인에게 도움이 될까요? 아니면 따로 김XX에게만 달라는 건가요?"

"아, 아뇨, 그저 좀 긴장이 돼서."

N차장은 그 지원자를 물끄러미 바라보았다. 지원자는 그의 시선을 얼마간 응시하다 무엇인가를 느꼈는지 화들짝 놀라 이내 고개를 떨구었다.

"체크해둬."

"지금 질문한 사람 말씀인가요? 왜요?"

"학교는 어디야?"

"에, 그러니까 ○○대학 경영학과네요."

N은 대답 대신 지원자의 정보를 물었고 H대리는 대기자 명단을 넘겨 확인해주었다. N의 평소 성정을 감안하면 이 지원자는 이익을 받거나 불이익을 받게 될 것이다. 이유는 정확히 모르지만 N의 표정을 보아하니 후자 쪽일 가능성이 크다.

"학교도 뭐 그저 그러네."

그는 철저한 학벌주의자다. 특히 자신의 모교 출신이라면 어떻게 해서든 유리한 점수를 주고야 만다. 주변의 눈치 따위는 보지 않는다. 교묘하게 논리를 만들어 혜택을 주곤 했다.

"저 친구 차례가 언제야?"

"다음 순번입니다."

N차장은 묘한 웃음을 흘리며 대기실을 떠났다

"힌트도 없이 면접은 잘 봤어요?"

"아, 네. 그냥 자신 있게 봤습니다. 아까는 죄송했습니다. 너무 합격하고 싶은 곳이라 제가 무리했습니다."

"아, 아녜요. 그럴 수 있지. 이해합니다. 그 패기가 인상 깊어서 그러는데, 그 힌트 지금 줘도 될까요?"

"이번 면접 통과하면 최종 면접이죠? 옷차림을 자유롭게 하세요. 세미 정장 정도가 좋고 타이는 안 하는 게 좋을 겁니다. 보다 프리한 분들이거든요, 우리 임원 분들이. 요즘 친구들 다 천편일률적이라고 한 소리들 하시죠. 이해했어요?"

지원자는 반색했다. 꼭 명심하겠다는 말을 반복하며 머리를 수차례 조아렸다. 저 친구는 1차 면접을 통과할 것이다. 그리고 희망에 부풀 것이다. 무려 채용 책임자로부터 뜻하지 않은 힌트까지 들었지 않은가? 기대감은 한껏 부풀 것이다. 그러나 아이러니하게도 면접 당일 그 힌트 때문에 그는 고민을 하게 될 것이다. 막상 N의 이야기대로 노타이의 편한 차림으로 가도 괜찮을까? 더구나 임원 면접인데. 오랜 관행을 깨는 파격을 홀로 취하게 된다면 그 도드라짐이 정말로 유리하게 작용할까? 그 고민은 의외로 평소의 루틴에 개입해 멘탈을 흔들어 놓을지도 모른다.

N차장의 말에 따르자니 모험을 하는 것이고 N차장의 말을 따르지 않자니 기껏 받은 호의를 무시하는 행위가 될지도 모른다.

"그렇게 해서 얘는 최종에서 탈락하게 될 거야."

N차장의 이야기를 들은 H대리는 기가 막혔다. 혹여 흔들리지 않고 임원들에게도 찍히지 않아 면접을 잘 보게 된다 해도 어떻게든 손을 써 탈락시킬 것이다. 탈락의 이유 따위는 없다. 그저 내부 논의 결과라고 하면 그만이다.

취업이 절박한 어린 취준생들에게 이렇게까지 하는 이유가 뭐죠? 라고 묻고 싶었지만 예의 그 서늘한 눈으로 무덤덤하게 내뱉는 N을 상상하면 몸서리가 쳐질 뿐이다.

"재밌잖아? 우린 그럴만한 힘을 가진 존재라고."

H는 하루 빨리 이 팀을 떠나 N의 그늘에서 벗어나는 것이 상책이라고 생각했다.

하트 브레이커스, 심장이 철로 된 남자

며칠 전, 사내 게시판에 부고가 떴다. 세상의 모든 부고는 각각의 무게로 슬프고 저마다의 사연이 있게 마련이지만 이번 부고는 특히 더 무겁게 내려앉았다. 다름 아닌 '자녀상' 비보를 접하고 장례식에 다녀온 사람들이 모여 그 비감을 나누고 있었다.

"아이고, 이게 다 무슨 일이야. 내 마음이 다 무너지는 것 같아."

"K과장님 충격이 크시겠네."

"며칠째 식사도 못 하시고 아이도 아이지만 남은 사람들도 걱정이네요."

"딸내미가 많이 아팠죠? 그런데 갑작스러운 사고라니 얼마나 황망하실까."

"그러게, 그 병이 원래 불치병이라 마지막까지 최선을 다하겠다고 열의를 보이더니만 이렇게 사고로 갑작스럽게 떠날 줄 어떻게 알았겠어?"

"딸내미가 효녀네요."

자신의 자리에서 일에 몰두하는 듯하던 B과장의 무심한 말에 모두의 고개가 돌아갔다.

"B과장, 뭐라고 했어?"

B과장은 모니터에 묻어두었던 고개를 들어 그를 둘러싼 시선을 느끼고는 자세를 바로 잡았다.

"딸내미가 효녀라고 했나?"

"아, 아니, K과장님 그동안 고생 많이 했잖아요. 정말 불행한 일이고 안타깝지만 되돌릴 수 없는 일이다, 뭐 그거죠. 사고로 보상금도 받을 것 같던데 불행 중 다행 아니냐 뭐 그런…."

B과장은 서둘러 자신의 말을 수습하긴 했지만 분위기는 급격히 냉각됐다. 그래도 그의 표정에서 당황하거나 실수했다는 후회의 감정이 읽히지는 않았다. 극히 평온한 표정, 뭐가 잘못됐는지 모르겠다는 표정으로 무리를 응시할 뿐이었다. 여직원 몇은 입을 벌린 채 다물 줄을 몰랐다.

"B과장, 그게 아이 잃은 아비를 두고 할 말이야? 비록 앞에 없긴 하지만 불행한 사고로 갑자기 떠난 아이에게 보상금이 어떻고…."

평소 온화하던 Y팀장의 목소리 톤이 한 층 올라갔다.

“아니, 그게 아니라. 저도 말씀 드렸잖아요. 분명 불행한 일이고 안타깝다고. 그래도 이성적으로 보면 결과적으로는 그렇게 불행할 일만도 아니다, 이렇게 생각할 수도 있는 거 아닙니까? 어차피 그 병이 회생 가능한 병도 아니고, 그리고 얘기가 나와서 말이지만 솔직히 K과장님 아이가 아파서 회사에서 집중 못 하고 자리 자주 비우고 저희도 피해를 받긴 했잖습니까.”

‘안 그래요들?’이라는 표정으로 무리를 둘러봤지만 냉각된 기류는 풀릴 기미가 없고 몇몇은 헛기침을 흠흠 내뱉으며 자리를 뜨기 시작했다.

“아니 왜들 그러실까? 분명 전에 K과장이 자리 많이 비워서 조금 힘들다고 하질 않았어요들?”

“미친놈. 제 새끼가 저리 돼도 보상금이 어떻고 저럴 놈이네.”

“그러고 보니 이런 일이 이번만도 아닌 듯.”

“왜 또 뭐가 있어?”

“전에 우리 팀이 워크숍으로 밖에 나가서 야외 활동한 적이 있었거든. 그때, 영화를 한 편 봤는데 말이야.”

영화는 멕시코와 미국 사이에 암약했던 마약 카르텔에 대한 이야기였다. 멕시코 국경 지대에 위치한 무법천지의 도시 배경,

현실감 넘치는 총격전, 범죄 현장 등 충격적인 영상미는 물론이고 극악무도한 카르텔과 미국 첩보기관, FBI 간의 수 싸움 등 볼거리가 제법 쏠쏠했다.

시종일관 심각하고 무거운 이야기의 와중에 지극히 평범해 보이는 멕시코 경찰이 등장한다. 카메라는 뜬금없다 싶을 정도로 그 가족의 일상을 묵묵히 담는다. 그는 10살 정도 되어 보이는 아들과 아침을 먹고 비번이면 공을 들고나가 함께 축구를 즐기는 따뜻한 아버지로 그려진다. 하지만 이면으로는 카르텔로부터 마약을 운반해주고 뒷돈을 받아 챙기는 부패 경찰이기도 하다.

영화 말미에 카르텔을 소탕하기 위한 미국 특수부대의 작전이 펼쳐지는데 그는 하필 작전 현장에서 순찰차로 마약을 운반하려다 사건에 휘말려 목숨을 잃고 만다.

"그 장면을 보면서 우리는 마음이 아팠거든, 남겨진 아들이 생각나서 말이야. 돌아오지 않는 아버지, 그 이유를 알 수 없는 아들과 엄마. 홀로 공을 들고 나가 흙바닥에서 공을 차다 생각에 잠긴 아들의 얼굴을 클로즈업 한 장면, 영화가 끝나고 그 장면들이 마음에 남아 우리끼리 이야기를 하고 있었어."

"그랬는데?"

"갑자기 B과장이 끼어들더니 뭐라는 줄 알아?"

"뭐라던데?"

"뭐 영화 한 편 가지고 그렇게 가슴 아프네 뭐 하네 그러면 어떡하나들. 난 말이야, 그 장면에서 트렁크에 실려 있던 마약은 누가 어떻게 처리했을까? 이게 더 궁금하던데 말이지. 그걸 돈으로 치면 대체 얼마야? 라면서 큭큭 웃더라니까?"

그때만 해도 그저 감정이 메마른 사람 정도로 생각했을 것이다. 그래, 그저 영화의 이야기니까 하고 대수롭지 않게 넘겼을 것이다.

그런데 K과장의 비극은 어떤가? 영화나 드라마가 아닌 바로 내 옆의 현실이다. B의 재채기같이 튀어나온 진심 뒤에는 그동안 감추었던 진짜 얼굴이 숨어 있었을 것이다. 자리에 함께한 모두는 생각했다. B의 그 이전과 현재 그리고 앞으로의 말과 행동을 주의해서 살펴봐야겠다고.

목덜미를 드러내지 말라. 치명적 빈틈 사냥꾼

"어떻게 해 그러면? 언제까지 맡겨둘 수는 없잖아. 당신은 늘 자기 생각뿐이야?"

조용조용하던 목소리 톤이 커졌다. 울먹이는 것 같기도 하다. J는 벌써 5분째 옆 칸의 통화에 귀 기울이는 중이다. 분명 홍보팀 U과장의 목소리다. U과장은 평소 회사에서 인정받는 사람이다. 깔끔하고 똑떨어지는 업무 능력으로 고속 승진을 거듭해 30대 초반에 과장이 됐다.

능력도 능력이지만 커리어 우먼의 표본과도 같은 외모 또한 많은 사람의 주목을 끌었다. 성격도 나름 무난해서 결점이 없는 사람처럼 보이는 것이 흠이라면 흠인 사람이었다. 그런데 저런 의외의 모습이라니?

"XX이 더 이상 거기에 맡겨둘 수 없어. 점점 증상이 심해진다고. 심리 치료도 더는 효과가 없는 것 같고. 우리 엄마 아빠도 무슨 죄냐고?"

급기야 울음소리가 새어나오는 듯했다. J는 조심조심 화장실을 빠져나와 책상으로 돌아온 뒤 노트를 펼치고는 방금 들은 이야기와 상황 따위를 세세하게 적기 시작했다.

'U과장, 부부 불화, 아이의 문제? 병? 심리 치료? 뭘까? 궁금, 빈틈 발견.'

J대리는 그날 이후 U과장을 줄곧 관찰하기 시작했다. 화장실에서의 약한 모습은 어디에서도 볼 수 없고 예의 그 당당하고 자신 있는 태도를 잃지 않았다.

"J대리님, 지난 번 SNS 활성화 프로젝트 보고 결과 공유 좀 받을 수 있을까요?"

"아, 그럼요. 바로 보내드릴게요. 과장님, 요즘 힘드시죠?"

"어떻게 알았어요? 내 마음을 뚫어 보시나?"

"언제 술 한잔해요. 저도 요즘 많이 힘들어서 인생 상담도 좀 할 겸."

"답을 줄 주제도 못 되는데 무슨."

"만인의 연인 U과장님이신데 겸손하실 필요 없어요."

"만인의 연인이라니 왠지 비꼬는 듯?"

U과장은 가볍게 웃으며 장난처럼 받아쳤지만 J는 펄쩍 뛰며 손사래를 쳤다. 마치 마음속 깊은 곳 속마음을 들키기라도 한 듯.

J는 그날 이후로 U과장과 가까워지기로 했다. 밥은 먹었는지 묻고 커피를 두 잔 사서 U과장에게 전했다. 읽다가 좋은 구절이 많아 선물하고 싶었다며 책을 사서 건네기도 했다. U과장은 해 준 것도 없는데 마음 써줘 고맙다고 했다. 알게 모르게 두었던 마음의 거리가 조금씩 좁혀졌다.

무슨 생각을 하는지 알 수 없고 늘 무언가를 계산하는 듯한 눈빛에 가끔은 소름이 끼친다는 뒷말이 많았던 J에 대한 인식이 오해였다는 생각이 강해졌다.

"언제나 고마워, 사람들은 J대리에게 오해가 많은 것 같은데 알고 보니 아닌 거 있지? J대리는 괜찮은 사람 같아."

J는 별말 없이 U과장의 이야기를 들어주었다. 술이 한두 잔 들어가고 회사, 상사, 일 따위 진부한 이야기들이 소진될 즈음 U과장은 취기가 오르는 듯 자신의 속마음을 드러내기 시작했다.

"다들 날 보고 부럽다, 대단하다, 잘한다 하지만 사실은 늘 불안에 싸여 있어. 그게 다 허상 같은데 속도 모르고 겉만 본다고. 남편이라고… 이 인간은 저밖에 몰라. 우리 아이 XX이가 사실….”

U과장의 이야기는 다소 충격적이었다. 남편은 그저 일에 미쳐 사는 일중독자인 줄로만 알았는데 알고 보니 도박에 술에 담배 따위에 찌들어 사는 폐인이나 다름없고 아이마저 ADHD 판정을 받아 지금은 친정집에 맡겨 놓은 상태라는 것이었다. 자신도 불안장애 진단 직전까지 가 안정제를 먹지 않으면 잠을 잘 수 없는 상태고 회사가 자신의 유일한 탈출구라는 속내를 J에게 털어놓았다.

그 말을 끝으로 U과장은 테이블 위로 쓰러졌다. J는 묵묵히 택시를 불러 U과장을 태워 집까지 바래다주고 자신의 집으로 돌아왔다.

다음날 U과장은 추태를 부렸다며 민망해했지만 그 이후로도 둘은 종종 술을 마시며 속마음을 나누었다. 사실 U과장의 일방적 이야기에 가까웠고 J는 주로 듣는 입장이었다. J는 순간순간 U과장 마음속 실타래를 슬쩍슬쩍 건드려 그동안 꽁꽁 감추어두었던 아픔과 상처, 약점 등을 쏟아내게 할 뿐이었다.

둘의 술자리는 때로 제3자가 더해져 셋, 넷의 술자리가 되기도 했다. 그들 역시 술에 취해 쏟아져 나오는 U과장의 이야기를 근심어린, 그러나 호기심 어린 표정으로 듣곤 했다.

얼마나 시간이 흘렀을까? 어느 순간부터 회사에 U과장에 대한 소문이 돌기 시작했다. 집안에 문제가 있다더라, 남편은 폭력을 서슴지 않고 아이도 문제가 많다더라, 심지어 정신 상태가 불안정한 U과장이 집안을 그렇게 만든 것이라는 말까지도 나돌았다.

"U과장, 요즘 집에 무슨 문제 있어?"

"아 팀장님, 왜 그러시죠?"

"아니, 회사에 이상한 이야기들이 돌고 있어 말이야."

U과장은 상사로부터 이런저런 자신에 대한 소문을 전해 듣고는 그제야 아차 싶었다. 그동안 단단히 쌓아두었던 마음속 제방을 툭 터지도록 만든 J가 먼저 떠올랐지만 그녀의 소행이라는 증거도 없다. 자신의 취약점을 털어놓게 된 시발점은 비록 J였지만 마치 고해성사를 하듯 몇몇에 속을 드러내지 않았던가? 누굴 탓할 일도 아니었다. 설사 J가 자신의 이야기를 누군가에게 전했다 하더라도 결국 빌미는 본인이 스스로 내어준 셈이다. 사람들의 평판을 거슬러 J를 신뢰해버린 결과일지도 모른다. 그에 생각이 미치자 자신을 꿋꿋이 지탱해주었던 나머지 한쪽 보루마저 무너져 내리는 느낌이 들었다.

U과장의 신화는 그날 이후로 내리막을 타기 시작했다. 일에서도 실수가 빈번했다. 커리어 우먼의 교본과도 같았던 외모도 망가지기 시작했다. 어딘가 흐트러진 메이크업, 질끈 묶은 머리,

편한 바지와 스니커즈 차림, 애써 감췄던 삶의 피로가 표면으로 드러나자 걷잡을 수 없이 한 인간을 집어 삼키기 시작했다.

화려한 주목성 그 이면에 도사리고 있던 질투들이 모습을 드러내 표면화되기 시작했다. "잘난 척하더니 저리 될 줄 알았지."

그해 여름, 그녀가 맡았던 중요한 프로젝트가 취소되었고 그녀는 그 일에 책임을 지고 사표를 썼다.

모든 절차를 마치고 사무실을 떠나기 직전, J는 평소와 다를 바 없이 자리를 지키고 앉아 일에 열중하고 있었다. 고개를 돌려 문을 나서려는 찰나, 자신을 바라보며 웃는 그녀의 서늘한 눈빛이 강렬하게 쏟아져 들어오는 듯했다.

내가 호구로 보입니까? 서늘한 비즈니스맨

"여보세요."

"웅. 네, 누구세요?"

"나야."

"누구?"

"동기 목소리도 잊었냐? 나야 K."

"아, 이 시간에 무슨 일이야?"

"술 한잔하다가 그냥 네 목소리 듣고 싶어서 했다."

"아이C, 나 지금 자고 있다고. 용건도 없이 잠 깨우고 뭐하는 짓이야."

갑작스런 C의 정색에 K는 민망해졌다.

"미… 미안 끊을게, 잠 깨워서 미안."

툭 하고 전화는 끊어졌다. 한창 즐겁게 달아오르던 K의 술기운도 툭 하고 사라졌다. 시계를 보니 저녁 9시 30분. 늦은 시간이라면 늦은 시간일 수 있지만, 설마 이 시간에 잠자리에 들었으리라고는 생각 못 했다. 곧 부아가 치밀었다.

"아니, 이 시간에 자고 있을 거라고 누가 알어? 그리고 잠들었더라도 이렇게 욕하면서 정색할 일인가?"

그러다가 너무 피곤했거나 오늘 유난히 기분 안 좋은 일이 있었는지도 모르겠다는 생각이 들자 마음이 좀 나아졌다. 정말로 미안하다는 마음이 들었다.

다음날 사무실.

"굿모닝 C대리? 어제는 무지 피곤했나봐?"

"아니, 피곤할 일 없었어."

"아~ 그래? 어제 통화한 건 기억하지?"

"그래서 말인데, 그렇게 별 용건 없는 전화 나 별로 안 좋아해. 이해하지?"

C는 아무 일도 없었다는 듯 무덤덤하게 말했고 K는 고개를 끄덕이며 알겠다고 했지만 무언가 마음속에서 덜컥 하고 걸렸다. 그저 궁금한 마음에 전화 한 통 했을 뿐인데 특별한 사정이 있어서가 아니라 그런 이유였다니. 곧히 잠들었는데 순간적으로 짜

증이 나 욕설을 해 미안하다든지, 생각나서 전화했는데 좀 심했다든지 같은 해명이라도 기대했던 탓인지 내심 허탈한 마음이 들기도 했다.

고개를 돌려 C를 보니 아닌 게 아니라 여느 때와 조금도 다름없어 보였다. 미안한 마음도 다 사라졌다. 이해하긴 뭘 이해해?

"너 이거 나한테 빚졌다. 나중에 꼭 갚아."

"내가 이거 해주면 넌 뭐해줄래?"

부탁할 일이 생기면 C의 반응은 한결 같았다. 아무리 사소한 부탁이라도 기억해두었다가 반드시 생색을 내고 그 반대급부를 얻어갔다. 사람 일이란 것이 워낙 주고받는 'give & take'라고는 하지만 이렇게까지 제가 나서서 명확하게 준 만큼, 아니 그 이상을 따박따박 챙겨가는 사람은 드물다는 생각이 문득 들었다. 부탁을 한 입장에서 어련히 그 고마움을 표시하지 않을까? 싶지만 그런 상식은 그의 머릿속에서는 먼 개념처럼 보였다.

업무에 있어서도 그 태도는 한결 같았다. 자신의 용건이 끝나면 상대방의 입장이나 상대의 의견을 듣기도 전에 물건을 챙겨 휙 나가버린다던지, 필요한 것이 있으면 살갑게 굴고 친절히 대하다가도 원하는 것을 얻으면 칼같이 태도를 바꾸는 경향에 대하여 흉흉한 뒷말들이 도는 모양이었다.

"C대리님, 전에 요청했던 자료 왜 이렇게 받기 힘들어요?"

"아 그거, 제가 어렵게 모은 자료라 그냥 드리긴 좀."

"그럼?"

"이거 드리면 뭐 해주실 거예요?"

"아니, 업무상 필요한 자료를 공유하자는 건데 뭘 주고받고 해야 되나요? 그리고 지난번 요청했을 때는 공유해주실 것처럼 하셨잖아요?"

"제가 언제요? 문서나 메일로 확정해 드린 게 있나요? 그렇게 들으셨다니 유감이네요. 그리고 저한테 필요 없어도 제가 공들여서 모은 자료인데 그냥 드리긴 좀 그래서요. 싫으면 직접 찾으시던가."

옆 팀 P대리는 입을 반쯤 벌리고 잠시 멍하니 서 있다가 고개를 절레절레 흔들며 자리를 떴다. C의 서늘한 눈빛은 진심이다. 어떤 보상이 주어지지 않는 한 자신이 쥐고 있는 저 자료를 결코 P대리에게 넘기지 않을 것이다.

자신에겐 아무짝에 쓸모없는 자료라도 결코 P를 이롭게 하지 않을 것이다. P대리는 C와는 본부도 달라 서로 경쟁하는 사이도 아니지만 말이다. 물론 P가 직접 찾으면 될 것 아니냐 싶겠지만 이미 며칠 전 자료 공유에 대해 요청을 했고 C는 마치 당연히 협조해줄 것처럼 제스처를 취하고는 임계점에 이르도록 아무런 조치도 취하지 않은 채였다.

아무 일도 없었다는 듯 키보드를 두드리며 미소를 쓱 짓는 C를 보며 K는 문득 소름이 돋았다.

무조건, 네 탓이로소이다.
모태 면책의 순교자

A상무는 사내 감사팀의 조사를 받았다. 이번 건 역시 내부로부터의 투서였다. A상무에 대한 논란은 이번이 처음은 아니었다. 사내 익명게시판에 몇 번의 직원 갑질 의혹이 제기됐지만 그때마다 유야무야 무마되었다. 그러나 이번 건은 그 무게가 달라 보였다. 무려 그룹 감사팀으로부터 직권 조사 명령이 내려온 까닭이다.

그는 전략 기획 분야에서 대단한 실력자로 인정받는 사람이었다. 그룹 역사상 최연소 임원으로도 회자됐던 A상무는 화려한 스펙과 이력 외에도 평소 깔끔하고 스마트한 외모와 친절한 태도로 유명했다. 그러나 시간이 흐를수록 다른 이야기들이 들려오기 시작했다. 익명게시판에 그를 추측케 하는 모 임원의 실체라는 글이 올라오면서부터였다.

"야, 이건자신의 관자놀이를 검지손가락으로 툭툭 치며 장식으로 달고 다니냐? 이걸 보고서라고 작성했어?"

"능력이 없으면 태도라도 좋아야지. 넌 이번 신입 중에서 돈값 못하는 애 중 최고라고."

"이 세상에 태어나서 공기만 축내는 것들이 많아. 아, 너한테 하는 얘기는 아니야, 오해 말라고."

게시글 속 모임원의 행태는 '직장 내 괴롭힘 방지법' 따위, 마치 그 위에 군림한다는 듯 나 홀로 시대의 흐름에 역행했다. 입은 비슬비슬 웃음을 머금지만 감정이라곤 단 한 톨도 섞이지 않은 것 같은 서늘한 눈으로 턱을 치켜들고 상대를 응시할 때면 불편함을 넘어 두려움까지 느껴지게 한다고 했다. 그를 근거리에서 지켜보며 어느 정도 파악한 사람들로부터 솔솔 들려오는 이야기 또한 평소의 이미지와는 전혀 딴판이었다.

'자신의 사람을 요직에 심는 것은 기본이고 척진 사람에게는 보복성 인사도 서슴지 않는다. 혹여 그 조치를 견디지 못하고 그 사람이 퇴사하면 업계 지인들과 헤드헌터들에 손을 쓰는 방법으로 재취업을 방해해 하이에나라는 별명이 있을 정도'라고 했다. 그 과정에서 자신의 영향력이나 권한을 뛰어넘는 월권도 마음껏 발휘했다.

그의 배경에는 무려 그룹 오너가 있었다. 어떤 연관이 있는지는 모르지만 어느 순간부터 오너의 오른팔로 불리는 정도가 되었다. 그 신임이 워낙 막강해서 곧 전무를 거쳐 대표 0순위 후보라는 소문이 파다했다. 지금까지의 제보들이 왜 유야무야 넘어가고 조직 전체에 이슈가 되지 않았는지 어느 정도 수긍됐다. 알려진 사실들로 유추해본 그의 본모습은 평소엔 가면을 쓰고 사람들을 대하다가 유독 감정적으로 약해보이거나 사내에서도 가장 약한 위치에 있는 일부 사람들에게는 그 정체를 드러내었던 셈이다.

그런데 알려진 그의 발언과 태도는 뭔가 교묘하다. 명백히 상대의 기분을 상하게 하고 상처를 주는 폭력성을 띄고 있지만 어떤 선을 넘지는 않는다. 보기에 따라 그저 '상사로서 업무의 미진한 부분이나 역량 부족을 지적한 것뿐'이라고 하면 그만인 수준이다. 물론 지속적으로 그런 언행을 해왔다면 그 역시 폭력이 될 수 있지만 당사자 외에 그 사실을 증명해줄 제3자의 존재도 없었을 것이다. 누군가에게 털어놔봤자 "설마 그 사람이? 에이, 이유도 없이 그랬겠어? 뭔가 있었겠지"라며 오히려 제보자를 당황케 할지도 모른다.

당사자 외에 그 사실을 증명해줄 수 없다면 그는 그 혐의에서 얼마든지 빠져나갈 수 있었을 것이다. 그의 배경을 동원하지 않고도. 물론 무언의 영향을 미쳤겠지만.

그러나 이번 건은 성격이 조금 다르다. A의 실체가 보다 확실해졌다. 그가 전략 기획에 인사, 총무를 포함한 경영 지원 부문을 총괄했던 수년간 이권에 개입했다는 이유다. 사내 기물 교체라든지 도급공사 수주, 명절 협력업체나 관공서를 위한 선물을 준비하는 과정에서 견적이나 수량을 부풀려 개인적으로 착복한 혐의를 포함해 보다 구체적인 비위 행위들이 제보된 것으로 알려졌다.

"정말 그 사람이 그랬어? 와, 못 믿겠는데, 그렇게 스마트하고 젠틀해 보이는 사람이 뭐가 아쉬워서 말이야? 사실이라면 소름 돋네."

평소의 젠틀한 겉모습에 그를 남몰래 흠모하던 팬덤이 있었던 것을 감안하면 입이 떡 벌어질 일이었다. 그들은 사내게시판에 종종 올라오던 그의 이중성에 대해서도 대단한 그를 시기한 누군가의 질투어린 흠집 내기일 뿐이라며 일축했던 터였다.

자신의 실체를 감추고 나름 꾀를 내어 사람들을 속이고 기만했지만 결국 제 꾀에 제가 속아 넘어간 격이다. 그의 이중성은 나름 충성을 다해 그를 돕던 내부 조력자마저 등 돌리게 만들었다. 제보자는 날이 갈수록 노골적으로 드러나는 그의 이중성과 착취를 견디다 못해 자신의 불이익까지 각오하고 그룹에 실체를 폭로한 것으로 밝혀졌다.

대대적인 조사 결과, 상당한 규모의 개인 착복과 구성원에 대한 직장 내 괴롭힘이 일부 사실로 밝혀졌고 내부 절차에 따라 징계가 공식화 되었다. 그러나 어떻게 손을 썼는지 형사 처벌은커녕 해고 처리도 되지 않았다. 3개월 정직과 타 계열사 발령으로 귀결되었다.

그는 여전히 결백을 주장한다. 혐의가 사실로 인정되었지만 '일을 하다보면 다반사로 생기는 일이고 다들 그렇게 한다'라고 주장하며 떳떳했다. 그리고는 시선을 돌려 자신을 음해한 특정 세력(?)을 향해 서늘한 눈빛으로 경고한다. "꼭 다시 돌아온다."

'버럭' 하거나, '짜릿'하거나, '무모'하거나. 무감각한 다혈질

외부로의 1박 2일 워크숍은 오랜만이다. 누군가 요즘 세대는 이런 종류의 워크숍을 싫어한다고 귀띔했지만 Oh팀장의 강력한 의지로 밀어붙여 결정했다. 다들 안 가봐서 그렇지 막상 가보면 좋아할 것이라며 자신했다. 그나마 금토 일정이라는 최악은 피했다. 애초에 금토 일정을 고집했던 팀장은 인심 쓰듯 목요일 오전 근무를 마치고 출발해 금요일 오후에 돌아오는 일정을 허락했다. 팀장보다 나이가 두 살 많은 만년 과장 M의 강력한 요청 때문이었다.

드디어 당일, 쏘나타 1대가 선발대로 먼저 출발하고 나머지 인원은 카니발 1대로 이동했다. 대리 1, 사원 2로 구성된 3인 선발대는 사실 일부러 자원했다. 장을 보고 워크숍 장소에 먼저 도착해 이것저것 준비를 해야 하지만 차라리 그 편이 맘이 더 편하다고 생각했다. 최신곡 파일도 잔뜩 준비했다.

"대리님, 그래도 나와서 장도 보고 하니까, 옛날 MT 갈 때 생각도 나고 나름 괜찮은데요?"

"그래, 좋게 생각하자. 어차피 술이나 진탕 먹고 쓸데없는 소리하며 시간 때우겠지만 그래도 평일에 사무실 벗어나는 것만으로도 그게 어디냐?"

"아니, 아무리 그래도 그렇지. 팀원 거의 전부가 반대하는 걸 굳이 밀어붙이는 사람 머릿속은 대체 뭐냐고?"

"워워~ 좋게, 좋게."

"아니, 우리 팀장 옛날 대리 때인가 과장 때 워크숍에서 사고 친 얘기도 못 들었어요? 술에 잔뜩 취해서 술 떨어졌다고 운전하려 하고 말리는 사람하고 대판 싸워서 피보고 그랬다던데?"

"팀장씩이나 됐는데, 지금도 그럴까?"

"사람이 어디 변하던가요?"

막내의 묵직한 한마디에 세 사람은 마치 합을 맞춘 듯 서로를 쳐다보며 일시 침묵했다.

"이야, 경치 죽이네, 도심만 벗어나도 이렇게 여유롭고 좋은 것을.”

“자자, 이제 팀 KPI 중간 점검합시다. 얼른 하고 밥 먹자고 밥.”

단 한 명을 빼고 아무도 원하지 않았던 1박 2일 워크숍은 생각보다 긍정적으로 흘러갔다. 막상 나와 보니 나들이 느낌도 나고, 경치 좋은 산과 강을 바라보며 잠시 도시의 바쁨을 잊기에 분명한 효과가 있었기 때문이다.

자연스레 닫혔던 마음이 어느 정도는 풀어진 듯 보였다. 이런 경험이 드물었던 젊은 직원들은 생각보다 나쁘지 않다는 생각마저 들기도 했다. 대충 준비했던 팀 KPI 공유와 토론도 꽤나 진지하게 진행되었다.

이어서 기다리고 기다리던 바비큐를 겸한 저녁시간. 숯불이 피워지고 목살, 삼겹살, 등심 순으로 고기가 올라갔다. 새우, 가리비 등 해산물은 물론 소시지도 빠질 수 없다.

“자, 여러분들. 오늘 워크숍 준비하느라 고생 많았고 아까 토론에서도 이야기했지만 앞으로 더 잘해보자고. 이렇게 으쌰으쌰 하는 거야. 자, 다 같이 건배.”

워크숍을 밀어붙였던 팀장은 한껏 달아오른 듯 보였다. ‘이거 봐, 이놈들아. 내가 뭐랬어!’라는 의기양양함이 모두에게 전해졌다.

소주1, 맥주3의 비율로 채워진 폭탄주가 연달아 돌고 분위기는 달아올랐다. 왁자지껄 먹고 마시고 웃는 동안 밤은 점점 깊어지고 하나둘 술에 취해 꽁꽁 가둬두었던 본모습을 드러내기 시작했다.

"야, 나 오늘 기분 정말 좋다. 그렇게 싫다고들 하더니 말이야. 어때 이것들아? 나오니까 좋지?"

"좋네요. 이런 워크숍 오랜만인데."

M과장이었다.

"그래? 그런데 왜 그렇게 반대했어? 다들 저렇게 좋아하는데? M과장이 나를 물로 본 거야?"

"물로 보다니요, 무슨 말씀을. 요즘 친구들 다 그렇다는 건 사실이에요."

"나잇살이나 먹고 그 따위니까 아직까지 과장이지. 너 말 끝마다 내가 하는 거 반대하고 내가 모를 줄 알아?"

Oh팀장은 갑작스럽게 자리에서 일어나 M과장의 뒤통수를 후려쳤다.

"무슨 짓이에요, 이게?"

"팀장님 취하셨네요. 이제 그만 들어가세요."

화들짝 놀란 대리들이 달려들어 Oh팀장과 M과장을 떼어놓았다. 팀장은 마치 잡아먹을 듯한 눈빛을 M과장에 쏘아대고 있었다. 갑작스러운 팀장의 태세 전환에 모두들 술이 확 깨는 듯했다.

"야, L대리. 나랑 내기하자."

"아니, 갑자기요? 무슨 내기요."

"너 수영 잘한다고 했지? 저 건너까지 누가 먼저 빨리 수영으로 갔다 오나 어때? 이긴 사람 100만 원 빵."

팀장을 M과장과 떼어내어 강가로 내려간 것이 화근이었다. 잠시 숨을 돌리던 팀장은 난데없이 위험스러운 내기를 하자고 우겨대기 시작했다.

"너도 나한테 반항하냐? 내가 팀장이야. 알지?"

L대리는 오전에 장을 보며 '사람이 어디 변하던가요?'라던 막내의 말이 문득 떠올랐다. 팀장은 당장이라도 물에 뛰어들 듯이 웃옷을 벗고 강으로 성큼성큼 다가가고 있었다.

"아니, 팀장님. 어디 가시는 거예요? 취하셨어요, 제발 그만…."

"겁쟁이 새끼, 넌 인마 남자도 아니야. 조금도 안 취했어. 얼마나 짜릿하냐? 이런 도전이 말이야. 이럴 때 해보는 거지, 언제 해봐."

11월 쌀쌀한 초겨울, 원치 않은 워크숍, 그럭저럭 좋은 분위기에서 갑작스레 두 살 많은 과장의 뒤통수를 후려친 팀장, 그리고 내기를 하자며 차가운 까만 강으로 향해 들어가는 그 문제의 팀장. L대리는 짧은 시간에 한꺼번에 벌어진 광경을 물끄러미 반추하며 마치 악몽을 꾸는 듯 멍해지기 시작했다.

우리는 너무나 간단히 언어의 마술에 속는다.
일례로 강력한 마력을 지닌 말은 이거다. '안다.' 안다는 말만으로
상대는 그 사정을 깡그리 이해했다는 식으로 생각한다.
이와 마찬가지로 자신이 그것에 대해 알고 있다고 생각한 순간,
어느새 깊이 탐구하지 않게 된다.

– 루트비히 비트겐슈타인

2부

나도 잘 모르는 나를 찾아서

PART 03

나는 여전히 나를 잘 모른다

...

나는 소시오패스인가? 아니다. 우.주.쏘.패를 탐험할수록 확신할 수 있었다. 내가 우.주.쏘.패는 아니라는 사실을. 잘못을 저지르면 반성도 하고 양심의 가책을 느끼기도 한다. 내 이득을 위해 누군가를 이용하거나 법을 어기거나 규칙을 위반할 생각 따위는 조금도 없다. 혹시 누군가 그렇게 느꼈다면 정말이지 그럴 의도는 절대로 아니었을 것이다. 필요하다면 왜 그렇게 느꼈는지 충분히 듣고 해명할 용의가 있다.

기쁨, 슬픔, 두려움, 놀라움, 역겨움, 분노 같은 인간의 기본 감정에 대해서도 어느 정도 충실하다. 마찬가지로 그 감정을 제대로 다루지 못하거나 서툴렀을지언정 처음부터 악의를 가지고 누군가에게 정신적, 물리적 해를 입힐 생각은 해본 적이 없다.

그렇지만 살다 보니 본심과는 다르게 소소하거나 때론 중대한 잘못을 스스로에게 혹은 타인에게 저질렀을 가능성은 부인할 수 없다. 그럼에도 근본부터 감정과 양심을 다루는 기능이 고장 나거나 탑재가 안 된 그들과는 다르다고 틀림없이 믿고 있다.

일단 그들이 아닌 사람이 다수이기에96~99% 그 사실을 알게 된다고 해서 그다지 놀랄 일은 아니다. 내 뇌를 스캔해보면 극악무도한 연쇄살인범이나 사이코패스로 판정된 사람의 뇌와는 확연히 다를 것이다. 이성과 감성을 아우르는 전측, 배측 전두엽 영역의 기능이 상식 수준에서 적절하게 반응할 것이다. 과학적으로도 증명할 수 있다는 말이다.

그렇다면 나는 좋은 사람인가. 글쎄, 그건 잘 모르겠다. 누군가에게는 좋은 사람일수도 있고 또 누군가에게는 상처를 주었거나 부정적인 사람일수도 있을 것이다. 혹은 기억도 잘 안 나는 그저 그런 사람일수도 있겠다. 아마 좋은 사람이 아닌 것에 더 가까울지도 모른다.

소시오패스냐, 아니냐의 문제는 좋은 사람인가, 아닌가, 라는 문제와는 또 다른 차원이다. 다시 처음부터 시작해야 하는 별개의 영역이다. 내가 소시오패스가 아니라는 사실이 내가 좋은 사람임을 증명해주지 않는다.

'우.주.쏘.패'를 바로 보려는 이유는 특정 누군가를 단정해서 비난하거나 손가락질하기 위해서가 아니다. 그 누구에게도 그럴 자격과 권한을 주지 않았다. 더구나 소시오패스 성향을 가지고 있다고 해서 그 모두가 범죄자가 되거나 반사회적 인격 장애 특질을 유감없이 발휘하는 악인이 되는 것도 아니다. 그 사실은 이미 학자들이 확인해주었다.

이 과정에서 추가되는 사실은 '소시오패스를 가려내는 일 못지 않게 나 스스로에 대해서 정확히 아는 것이 중요하다'는 것과 관계를 분탕치는 범인이 비단 소시오패스들만이 아니란 것이다. 오히려 절대 다수인 우리가 일으키는 문제가 더 클지도 모른다는 합리적 의심을 받아들여야 했다. 그 중심에 그 누구도 아닌 내가 있다는 사실을 포함해서다.

자연스럽게 그들을 찾는 과정과 그로부터 얻은 통찰은 결국 나에게로 향한다. 나 자신이 어떤 사람인지 정확히 알지도 못하면서 사고를 하고 행동을 하는 일이 얼마나 많은 오해와 관계의 부작용을 야기했는지 깨닫게 됐다.

다른 종족을 알아챌 수 있게 되었다고 마냥 기뻐할 일만은 아니다. 그래서야 반쪽뿐인 통찰이 된다. 다른 사람이 어떻고 저떻고 너는 말할 자격이 있는가? 라는 물음에 대한 답을 찾아야 한다. 나는 어떤 사람인가? 나의 양심은, 나의 감정은, 나의 객관성은, 나의 신념은, 나의 관계는. 모든 것을 원점에서 봐야겠다. 그 이후 보다 선명해진 자기인식self awareness은 모든 관계의 시발점이자 우.주.쏘.패의 마수에 대응하기 위한 강력한 무기가 된다.

생각보다 우리는 우리 자신을 잘 모른다. 기왕 우.주.쏘.패에 대해 알아본 김에 이제는 나 자신에 대해 조금 더 깊숙이 탐험해 보면 어떨까? 별다른 준비도 필요 없다. 가만히 멈춰 서서 자신의 내면을 들여다보고 과거에 있었던 크고 작은 섬광기억머릿속에 뿌리박힌 인상적 기억들을 끄집어낸 후 그 옆에 비켜서서 제3자의 눈으로 찬찬히 지켜보는 일이다.

자기를 제대로 알면 그제야 남이 보인다.

막다름에 이르면 보이는 것들

출근 시간이 막 지난 오전, 조용한 사무실이 갑자기 소란스러워졌다. 팀 사람들이 각자 자리에서 웅성거리다 삼삼오오 모이기 시작했다.

"드디어 떴네."

"이번 년도에는 없을 거라더니."

"그래도 이 정도면 조건이 좋은 편 아닌가?"

"좋으면 뭘 해? 밖에 나가면 별 수 있어?"

회사 홈페이지에 소문으로 돌던 '희망퇴직 공고'가 뜬 것이다.

[24개월치 급여 보장 + 자녀 1인 학자금 지원, 자격요건: 만 50세 이상총 경력 15년 이상]

지난 연말 조직 개편에서 내 조직이 공중분해 되고 새로운 팀으로 발령 받은 지 1개월이 조금 안 된 시점이었다. 새 팀에서 '어차피 회사일 다 거기서 거기지'라고 마음을 다잡다가도, 내가 지금 여기서 뭘 하고 있나? 싶었다. 15년을 넘게 사람 관련 일을 해오던 사람이 하루아침에 김치 위탁 판매 제휴 업무를 위해 홈쇼핑 관계자를 만나야 한다.

직급은 차장이지만 제휴마케팅에 대해 뭐하나 아는 게 없으니 사원 급 후배 직원의 밀착 서포트가 있어야 뭐라도 할 수 있다. 회사에 막 들어온 신입사원과 다를 바가 없지 뭔가. 막상 미팅 자리에서도 아는 것이 없으니 멀뚱멀뚱 두 사람의 이야기만 듣기 바쁘다. 업체 측 사람도 눈치가 빤한지라 생판 초면인데다 초짜인 나를 외면하고 주로 후배 직원과 이야기를 나눈다. 오고 간 이야기의 70%는 외계어나 다름없다.

"미안, 내가 도움이 하나도 안 됐지?"

"이제 시작이신데요, 뭐."

홈쇼핑 관계자와의 미팅에서 돌아오는 길에 퇴사를 진지하게 고민했다. 퇴직금만으로 얼마나 버틸 수 있을까? 사내 저축은 얼마나 되지? 자리에 앉아 한참 계산기를 두드려 보니 최대 2년 정도는 버틸 수 있을 듯 보였다. 아, 퇴직금에 사내 대출이 끼어 있어 그나마도 상환을 해야 한다. 돌발변수다. 변수는 그 외에도 많으리라.

그러던 차에 희망퇴직 공고라니. 고민의 여지도 없이, 신청을 위한 절차와 지급 조건 그리고 자격 요건을 재차 확인했다. 지급 조건은 나름 합리적이다. 생색내기에 그쳤던 그 이전의 조건과는 차이가 있다. 얼마 전까지 퇴직금만으로 어떻게 살아갈까 계산기를 두드리지 않았던가?

아! 그런데 나이에서 걸린다. [만 50세 이상, 1970년 1월생 이전]. 5년을 더 늙어야 한다. 누군가는 나이 먹은 게 죄냐며 분통을 터뜨렸지만 또 누군가는 희망퇴직 자격에도 못 미치는 어정쩡한 나이가 아쉬우리라.

어쩌지. 괄호 속 또 다른 자격 요건이 눈에 띈다. '총 경력 15년 이상.' 가만 있자, 내가 총 경력이 얼마나 되더라? 이곳에 2006년 10월에 왔으니까 2019년 12월이면 13년 3개월이니 이런 '젠장' 총 경력도 미달이다. 실낱같은 희망이라면 그 이전 회사의 경력까지 포함인데 그 경력을 포함하면 15년이 훌쩍 넘으니 될지도 몰라.

마음먹은 김에 인사팀 후배에게 전화를 걸었다. 불과 한 달 전까지 같은 팀 소속이었다는 인연으로 안 되면 사정이라도 해볼 요량이다.

"김 과장, 잠깐 구내식당 카페에서 볼 수 있을까?"

"차장님. 거의 한 달 만이네요. 잘 지내시죠?"

"그럼. 요즘 바쁘지? 연말 연초 조직 개편에 인사 발령에 희망퇴직 공고도 떴던데. 뭐 마실래?"

커피를 주문하며 슬쩍 운을 띄운다.

"네, 조금 정신이 없네요. 오늘 공고 띄웠는데 신청하는 사람은 아직 없어요."

"그렇겠지. 대상자들이라고 덥석 신청하고 그러진 못할 거야."

"그러게요. 요즘 경기가 좀 어려워야 말이죠."

"그래서 말인데 희망퇴직… 신청할까 해서 말이야. 자격 요건 좀 봐줘."

"차장님이요? 아니, 왜요? 갑작스럽게."

"히스토리야 뭐, 김 과장이 더 잘 알 테고, 여기 와서 도통 맞지 않는 옷을 입고 있다는 생각이 들어."

오늘따라 라테는 연하고 아무런 맛도 느껴지지 않는다. 김 과장의 아이스 아메리카노는 벌써 반이나 줄었다.

인사 담당 상무는 직속상관이었다. 지난 1년 내내 전쟁 아닌 전쟁을 벌여온 것을 옆에서 지켜보지 않았던가? 회의실 밖으로 고성이 오가고 붉게 상기된 얼굴로 상무실을 박차고 나오길 수차례. 공개 미팅 자리에서 '내 고객은 구성원이 아닌 사장님'이라며 당당하게 커밍아웃 하던 순간부터 '저런 사람과는 한 길을 갈 수 없겠다'고 결심했다. 누군가는 직속상관에게 저래도 되는 거냐고 혀를 차기도 했고 또 누군가는 '사람과 비용을 줄이라'는 노골적 오더를 받고 떨어진 낙하산 임원에 대해 누가 저리 맞설 수 있겠냐며 속시원해하기도 했다.

결국 경험 많은 만년 부장님의 경고대로 인사권자에게 찍힌 대가는 컸다. 맡은 조직이 공중분해 되고 전혀 성격에 맞지 않은 팀으로 쫓겨나는 것으로 결론지어졌다.

"조금만 더 참으시지, S상무 올해까지만 있고 어떻게 될지 모른다는 소문도 있어요."

"1년이든 2년이든 맞지 않은 옷을 입고 이렇게 자리 보존하는 것도 민폐야, 서로."

"그래도…."

"일단 나이에서는 걸리고 경력은 이전 회사까지 포함하면 15년이 넘으니까 이게 해당되는지 좀 알아봐 줘. 가능하다면 심사 통과되게 힘 좀 써주고. 부탁할게."

결심이 확고하다는 것을 확인한 김 과장은 잠시 숨을 고르더니 알겠다는 말을 남기고 자리를 떴다.

희망퇴직을 피하게 해달라는 부탁이 아닌 받아달라는 부탁이라니. 이런 마지막을 생각한 것은 아니었는데 이 복잡한 기분을 어떻게 설명할 수 있을까? 말을 뱉은 이상 주워 담을 수도 없는 일.

이제는 희망퇴직 신청이 받아들여지기를 기다리는 수밖에 없다.

최악의 상황을 가정하자면 희망퇴직 자격 심사에서 탈락하고 퇴사 의사만 대외적으로 공개되어버리는 경우다. 나가겠다는 의사를 공개적으로 밝힌 셈이니 빠져나갈 구멍이 없다. 게다가 평소 '나는 조직 생활과는 안 맞는 사람'이라고 떠들고 다니지 않았던가? 이래저래 아가리 파이터가 될 수는 없는 노릇이었다.

물론 직책이 해제되고 대기 발령 상태에서도 2년, 3년을 견뎌내는 선배들도 있었다. 절박함은 이해되지만 그 버팀의 기간이 길어질수록 처음의 이해와 인간적 동정심은 옅어지고 '후배들 보기 민망하지도 않나' 하는 일종의 몰염치만 남는 꼴을 똑똑히 목격하지 않았던가? 그런 취급을 받으며 구차한 고용을 이어가느니 차라리 무모함이 낫다. 실속도 없이 자존감, 자존심만 남은 고달픔이 그려지지만 그 편이 백 번, 천 번 옳다.

일주일쯤 지났을까.

"차장님, 이걸 축하드린다고 해야 하나."

"아~ 결과 나왔구나."

"예, 희망퇴직 신청하신 거 심사 통과됐네요."

"고마워."

나도 모르게 김 과장의 손을 덥석 잡았다. 그동안 알게 모르게 마음 졸였는데 진심으로 고맙다고 그렇게 생각했다.

40대 중반의 퇴사는 분명한 위기다. 심지어 혈혈단신 홀몸도 아니다. 먹여 살려야 할 가족을 두고 어쩌면 무모하고, 책임감 없는 철부지 같은 '짓거리'라고 여기는 사람도 있을지 모른다. 그 놈의 자존심, 자존감, 명분이 뭐라고. 누군가는 반드시 그렇게 생각할 것이다. 도무지 돌파구를 찾을 수 없는 기존의 패턴, 근본적인 변화를 위해서 때론 무모할 만큼 과감한 선택이 필요할 때가 있다.

단지 그 시기가 지금이었을 뿐이다. 이왕 이렇게 된 거 진짜 나를 찾기 위한 여정을 시작한다. 위기를 기회로 바꾸는 것이다.

결정적 전환점이 온다

"인생 뭐 있어? 아등바등 살아봤자 100년도 못 살고 가는 거야. 마음 가는 대로 그렇게 살어. 그게 남는 거야."

어느 순간부터 나는 술자리에서 그런 말을 자주 내뱉었다. 한 천문학자가 남긴 사진 한 점과 글을 읽은 이후부터였던 것 같다.

1990년 2월 14일, 우주로 발사된 보이저 1호가 지구 쪽으로 렌즈를 돌려 찍은 사진 한 점. 그곳에는 가느다란 실선 위에 먼지 한 톨보다도 작은 푸른 점이 미약하게 빛나고 있다. 칼 세이건Carl Sagan은 그 사진에 '창백한 푸른 점'이라 이름 붙이고는 다음과 같이 말했다.

"이렇게 멀리 떨어져서 보면 지구는 특별해 보이지 않습니다. 하지만 우리 인류에게는 다릅니다. 저 점을 다시 생각해보십시오. 저 점이 우리가 있는 이곳입니다. 저 곳이 우리의 집이자, 우리 자신입니다. 여러분이 사랑하는, 당신이 아는, 당신이 들어본, 그리고 세상에 존재했던 모든 사람들이 바로 저 작은 점 위에서 일생을 살았습니다." '창백한 푸른 점' 그 위에 무수한 영웅과 범죄자, 아버지와 어머니 그리고 슈퍼스타와 거지, 사랑과 증오와 같은 인류의 온갖 이야기들이 나타났다 사라지기를 반복했다고 덧붙였다.

칼 세이건이 느꼈을 우주에 대한 경외감이나 인간들이 그려온 궤적의 보잘 것 없음이 주는 허탈함 같은 울림에는 이르지 못했겠지만 나 역시 그 사진과 글을 읽으며 의식이 순간적으로 진공 상태가 된 듯 멍했던 기억이 생생하다.

그 이후 나는 그 누구도 부러워하지 않게 됐다. 재벌이든 권력가든 '찰나와도 같은 인생을 살다 가는 것은 다 마찬가지인데'라는 생각에 이르자 만사가 가소로워졌다. 누군가 그 말을 듣고 신포도 우화나 고작해야 자기합리화일 뿐이라고 일축하더라도 상관없었다. 그러면 어때, 내가 그렇게 생각한다는데 싶었다.

약 5년 전쯤 생겨난 담낭 용종은 그런 생각에 불을 댕겼다. 정기 건강 검진 초음파 검사에서 0.2cm 직경으로 최초 발견되었는데 매년 조금씩 자라나 마침내 1cm에 이르자 병원은 제거 수술을 권했다. 용종, 그러니까 혹이 생긴 건데 95% 이상은 콜레스테롤성이라고 했다. 악성이면 암이란 말이다. 그래도 5%의 가능성이 있다는 말이니 1cm 크기로 이놈이 자라났을 땐 혹시나 싶기도 했다.

운명의 장난이었을까? 그 즈음 지인의 담낭암 소식이 들려왔다. 심지어 말기란다.

"아니 왜요? 담낭에 생긴 혹은 95%가 양성이라는데."

나는 적잖이 당황했다. 그 외마디는 1cm 거대(?) 용종 제거 수술을 권유 받은 나를 향한 외침이나 다름없었다.

담낭암의 경우 췌장암과 비슷해서 일단 암으로 확인되면 예후가 매우 좋지 않다. 실제로 그 지인은 발견 당시 이미 말기 상태였고 3개월 시한부 판정을 받은 터였다. 평소 누구보다 활동적이고 병과는 거리가 멀어 보였던지라 그 충격은 더했다. 그저 속이 쓰리고 더부룩해서 소화불량을 의심하고 병원에 들렀다가 듣게 된 날벼락 같은 소식이었노라고 했다.

지인에 대한 걱정과 염려는 이내 방향을 틀어 내게로 향했다. 95%의 압도적 확률이 저만치 물러나고 5%의 확률이 코앞으로 다가와 지분거렸다. 대수롭지 않게 여겼던 의사의 수술 권고가 이제는 급해졌다. '곧 해야지'라고 막연하게만 생각했던 나는 그 날로 검진 예약을 잡고 약 2개월 후 제거 수술 일정을 확정했다.

추석이 막 지난 늦가을의 맑은 날, 나는 직장 생활 16년 만에 처음으로 5일짜리 휴가를 냈다. 누군가는 그 이상, 일주 혹은 이주의 장기간 휴가를 내고 어디론가 떠나는 것이 인생의 묘미이겠지만 그렇지 않은 사람도 있게 마련이다. 인간의 일이란 다양성이 표준이기에 이런 사람도 있고 저런 사람도 있지 않겠는가? 그렇다고 일에 빠진 워커홀릭도 아니었는데 지금 생각해보면 뭘 하며 살았나 싶다.

병원으로 향하는 버스 정류장에 우두커니 서서 전형적인 가을의 하늘을 무심히 바라봤다. 구름 한 점 없이 쨍한 하늘은 보이저 1호가 지켜봤을 그 푸른빛을 담고 있었을까? 높은 가을 하늘이라고 하는데 어디까지 올라야 높은 것일까? 정말 높기는 한 걸까? 따위의 잡념에 잠겼다. 비록 5%였을 망정 지인의 비보와 연결되어 스멀스멀 올라오는 어떤 비장함이 울컥 솟기도 했다.

환자복을 갖춰 입고 병실을 배정받으니 제법 환자 같다. 저녁을 먹고 얼마쯤 지났을까? 의료진이 몰려오더니 다음날 새벽 수술 일정을 알려주며 사인을 하라고 종이를 내민다. 수술 시 불상사에 대해 책임이 어떻고 저떻고…. 고작 복강경을 이용해 절개도 없이 하는 수술쯤이야는 웬걸, 하루 정도는 꼼짝 못하고 드러누워 그야말로 중환자 신세가 된 듯했다.

수술 결과는 예상대로였다. 95%의 확률이 이미 말해주지 않았냐는 듯 콜레스테롤성 양성 종양으로 최종 확인되었다. 인간이란 얼마나 자기중심적인가. 고작 5%의 확률을 부풀려 혼자만의 비극을 쓰고 있었던 셈이었으니 말이다.

그렇게 이틀을 더 머물다 퇴원을 했다. 돌아가는 택시 안에서 드넓게 펼쳐진 강을 바라보며 나직이 중얼거렸다. "인생 뭐 있냐?"

그리고 정확히 5개월 후 나는 회사를 그만두었다. 마흔다섯, 이곳에서만 13년 이상을 근무했고 퇴직 권고 대상도 아니었다. 누군가의 강요가 있지도 않았다. 주변 환경이 불리하게 돌아가긴 했지만 버티려면 얼마든지 버틸 수도 있었다.

어느 시점부터 회사는 내 체질이 아니라고 말하기 시작했는데 1년, 2년, 3년 지속되면서 사람들은 생각했을 것이다. '아니 그렇게 아니라면 때려 칠 것이지 왜 붙어 있어?'라고. 아가리 파이터 따위 더는 되고 싶지 않았다. '인생 뭐 있냐?' 언행일치하는 삶. 멋지지 않은가?

'창백한 푸른 점'과 '담낭 용종'은 분명 인생의 관점을 근본적으로 뒤바꿔 버린 중대한 계기였다. 100년도 못 사는 인생, 내가 하고 싶은 일만 하고 살아도 모자란 인생. 그냥 해보는 거다. '언젠가는'이 아니라 그런 생각이 드는 순간 실행하는 거다.

전전긍긍 지키려는 한 줌 가치가 다 무언지 때로는 다른 시각으로 돌아볼 필요가 있다. 캄캄한 암흑 물질로 뒤덮인 광활한 우주에서 렌즈를 돌려 자신의 창백한 푸른 삶을 굽어 살펴보는 일이다. 그리고는 마음껏 진짜 해보고 싶은 일에 빠져 살아 보는 거다.

회사 체질이 아니라서요

애초에 회사 체질이 아니었다. 언제부턴가 그런 생각이 차츰 커지더니 어느 순간부터 대놓고 그렇게 말하고 다녔다. 사내 정치가 싫었고 주말 이른 시간에 임원의 집 앞에 찾아가 골프장으로 픽업하는 일 따위를 끔찍해했다.

CEO로서의 자질도 갖추지 못했다. 목적을 위해서라면 수단과 방법을 가리지 않고 사람을 이용하는 데 도가 텄다는 CEO의 자질은 우연찮게 소시오패스의 그것과 겹친다. 물론 기업의 모든 CEO가 소시오패스라는 말은 아니다. 비록 학자들은 용감하게도 그런 주장을 할지언정.

우리네 기업 조직이라는 데가 빤하지 않은가. 아니 '사람이 모인 사회라면'이라고 해야 더 맞겠다. '팔은 안으로 굽는다'거나

‘이왕이면 다홍치마’ 따위 속담들이 생명력을 이어오는 이유는 그 말이 현실 그 자체이기 때문이다.

명백히 보이는 것 외에 숨은 연결고리를 중히 여기는 인간들의 속성 말이다. 이를테면 학연, 지연, 혈연 같은 노골적인 연연연들. 없으면 만들어서라도 멀리 멀리 날려보고 싶은 각종 ‘연’들 말이다.

같은 값이면 나와 더 친한 사람에 관심이 가고 온정적이게 마련이다. 사람이라면 거의 누구나 그렇다. 나도 그렇다. 그렇기에 그 이치에 대해 옳고 그름을 따지고 싶은 생각은 없다. 다만 그런 놀음에 거의 모든 것이 좌지우지되는 지독한 관계 지향성에 도무지 안 맞는 사람이 있을 수도 있다는 이야기다.

‘평가는 마음의 거리’라는 말도 있다. 그저 말뿐 아니라 현실 평가로 이어지는 일은 몰라서 그렇지 비일비재하다.

이렇듯, 세상은 참으로 노골적이다. ‘원래 조직이 다 그런 것이다’라는 말로 수도 없는 물밑 스토리와 그 지독한 관계 지향적 관계들이 엮인다. 마침내는 거미줄 마냥 얽히고설켜, 줄로 정치로 탁월한 소셜 네트워킹으로 둔갑하곤 하는데 솔직히 나는 그런 일들이 죄다 불편하다.

‘밀어낼 때까지 밀려나지 마라, 회사가 전쟁터라고? 밖은 지옥이다’라는 외침이 결코 초면은 아니지만 재차 잠잠했던 뇌리에

꽂혀 파장을 일으킨다.

"그러니까, 우리가 다 회사 체질이라서 다닙니까? 목구멍이 포도청이라, 다들 그러면서 다니는 거 아니요. 누군 뭐 자존심도 없고 저 잘난 걸 몰라서 숙이며 다니는 줄 아느냐고."

맞다. 맞는 말이다. 삶이라는 본질을 앞에 두고 그까짓 자존심이나 자존감 따위 눈 한번 질끈 감으면 무뎌지는 일일지도 모른다. 입으로는 이놈의 회사 때려 쳐야지를 달고 살다가도 막상 현실의 벽에 막히고 마는 것이다. 별다른 이유도 없이 처자식을 두고 회사를 뛰쳐나온 마흔다섯 중년을 두고 누군가는 혀를 끌끌 차고 손가락질을 했을지도 모른다.

그래서 회사를 뛰쳐나온 것을 후회하느냐고? 아니, 그렇지않다. 오히려 왜 조금 더 빨리 결심하지 못했을까?라는 후회는 크다. 그저 자존심만으로 생계와 직결된 직장을 때려 치는 사람은 또 얼마나 될까? 여러 가지 복합적인 상황이 맞물려 쉽지 않은 결정을 내렸고 이미 벌어진 일, 되돌릴 수도 없다. 반면 이제 하고 싶은 일을 하겠다는 꿈과 각오도 크다.

무엇보다 싫은 사람에게 그 마음을 감추고'나 좀 바라봐주세요'라며 스스로를 속이는 가식으로부터의 해방이었다. 그렇다고 애초에 줄 없이도 성공할 만큼 압도적 역량을 가졌는가 하면, 그렇지도 않다. 이래저래 코너에 몰린 셈이다. 개인적으로 후회하는 유일한 지점이 바로 거기다. 줄이나 인간의 본성을 압도하는 실력을 쌓지도 못한 일 말이다.

이도저도 아닌 어정쩡한 인생, 평범함을 가장한 무난함, 그렇게 가려면 줄이나 정치도 고려에 넣었어야 했다. 대체 무슨 원동력으로 답 없는 직장 생활을 끌어가려 했던 것일까? 그런 이유로 결국 막다른 골목에 몰려 단 하나뿐인 옵션, 어쩌면 마지막까지 꺼내지 말아야 하는 회사를 나가는 카드를 선택할 수밖에 없었는지도 모른다. 그걸 회사 체질이 안 맞다며 보기 좋게 포장한 위선자. 그게 지금의 나다.

"회사원이 승진과 월급 빼면 뭐 있어?"

드라마 〈미생〉에서 김 대리가 장그래에게 던진 한마디 대사처럼 차라리 그 목표를 위해 철저히 올인 했다면 손에 더 많은 것을 쥐었을지도 모른다. 그 과정이 기만적이고 불법적이거나 타인의 희생을 필요로 했다면 소시오패스였겠지만, 많은 사람들이 적정 수준에서 그런 일을 한다. 그래서 임원이 되고 상무가 되고 전무가 되고 마침내 CEO에까지 이른다.

끝없는 결과에 대한 욕망, 새로운 도전, 위험을 두려워하지 않는 저돌성, 기만을 해서라도 거짓말을 해서라도 결과를 만들어내는 능력. 이런 일에 익숙하지 않다면 당신은, 나는 회사 체질이 아닌 셈이다. 물론 다수는 회사 체질이 아님에도 그 삶을 이어나갈 것이다. 그렇기에 고달프다는 사실을 애써 외면하고 인생이 다 그런 것 아니겠냐며 스스로를 위로하면서 말이다. 그런데 어떡할 텐가? 이렇게 생겨 먹은 걸? 다수에 섞이지 못하는 별종 취급을 받아도 별 수 없다. 그게 나다.

파이터의 화법이 부메랑으로 돌아올 때

'소신 있는 사람.'

한때는 정말로 그렇게 믿었다. 다른 사람들도 나를 그렇게 인식하고 있을 것이라 자신했다. 웬만해선 말을 아끼지 않았다. 팀 미팅은 물론이고 사업부 전체 미팅, 심지어 대표가 참석하는 미팅에서도 꼬박꼬박 내 의견을 말했다.

모두가 침묵할 때도 개의치 않고 목소리를 냈다. 조직 문화를 책임지는 담당자로서 당연한 의무라고 생각했다. 현장 사람들의 의견을 가감 없이 전하고 경영진과의 연결고리 역할을 해야 한다는 꽤나 투철한 사명감도 있었다.

지금 돌아보면 그마저도 사실과 달랐다. 객관적이고 담백해야 할 현장의 메시지에 내 의견과 감정이 다분히 더해지고 있었기 때문이다. 왜 당시에는 그 사실을 몰랐을까?

회사의 손익이 장기간 악화되면서 모母 기업으로부터 임원들이 내리 꽂히기 시작했다. 주로 인사 분야에 집중됐다. 그들은 대부분 임원 승진과 함께 이동을 하게 된 초보 임원들이었는데 예외 없이 '효율화'라는 확고한 목적의식을 갖고 있었다.

모母기업 대비 1/100에 불과한 매출 규모, 소위 스펙 좋고 똑똑한 엘리트 집단이라기보다는 현장직들이 압도적으로 많은 조직. 그들은 이곳으로의 발령을 앞두고 '이까짓 구멍가게쯤이야'라는 우월감을 품었을 것이다.

10여 년간 도합 5명의 기업문화실장이 부임했는데, 그들의 초기 부임 모습은 판에 박은 듯 비슷했다. 넘치는 열정, 임원으로서 짐짓 달라 보이려는 의도된 행동과 말, 그 과정을 반복하다 보니 그들의 다음 말과 행동을 대략 예측해낼 정도가 됐다. 그들은 이곳을 노골적으로 공장 취급했고 심지어 '생각하는 기능은 필요 없다'는 발언도 서슴지 않았다. 실제로 임원, 팀장 인사권, 구매 기능 등이 모 기업으로 넘어가고 재무적으로도 관리 회계, 여신 정도만 남기고 여타 기능이 이관되기도 했으니 현실은 그들의 생각과 더 가까운 셈이었다.

그 사이 네 번의 구조조정으로 전체 인원은 최대 절반으로 줄었고 정기 공개채용도 한동안 끊겼다. 이가 없으면 잇몸으로 때우라는 식이었다. 그들이 줄기차게 외치는 키워드는 '멀티 플레이어'였다.

'어떻게 하면 덜 주고 일을 더 시킬까'만을 고민하는 임원들의 연속이었고 그 강도는 해가 갈수록 더 세졌다. 조직 문화를 맡은 이상 그들은 내 직속상관이었으므로 공적, 사적 자리에서 적잖은 이야기를 나눌 수 있었는데 일에 대한 공감은 물론이고 인간적 교감마저 느끼기 어려웠다.

나름의 사명감으로 현장의 목소리를 전달해도 돌아오는 반응이라곤 '효율적인 인력 운영'이라는 정해진 답뿐이었다.

사명감과 공명심이 지나치게 강해졌던 탓일까? 아니면 근 10년 가까이 똑같은 일을 반복해오며 피해의식이 생긴 걸까? 도통 그들의 사고방식과 도무지 합리적이지 않은 지시 사항을 따르고 싶지 않았다. 동의하지도 않았으니 그들이 지시하는 일을 즐겁게 해낼 수도 없었다.

그래도 힘을 내 이렇게 저렇게 해보면 어떨까?라는 제안을 하면 '시간 낭비하지 말라'는 노골적인 속마음을 꺼냈다. 그리고는 C플레이어, 말하자면 저성과자를 따로 모아서 망신을 주면 어떠냐?며 넌지시 제안하기도 했다.

인사 제도의 공정성과 형평성 문제가 불거져 익명 게시판이 달아오르자 문제의 원인을 찾기보다는 게시판의 존재 자체를 눈

엣가시로 여기고 어떻게 하면 폐쇄할 수 있을까? 그 고민에 집착했다.

언제인지도 모르는 사이 사사건건 그들과 충돌하기 시작했다. 소신 있게 꿋꿋하게 전달한다는 명분으로 때로는 감정을 섞어가며 큰소리도 마다하지 않았다. 어떤 임원은 '이렇게는 같이 일 못한다'며 노골적으로 불쾌감을 표시하기도 했고 따로 불러 무엇이 문제인지 논의해보자며 회유를 하기도 했다. 그렇게 수년의 시간이 흘러갔다.

2018년 연말, 전 그룹사가 동시에 실시하는 연간 조직 문화 실태 조사에서 3년 연속 꼴찌를 기록했다. 전체 평균 대비 비교도 안 될 압도적 꼴찌였다. 대표, 임원, 팀장들을 모아 보고회를 열고 데이터에 드러난 내부의 목소리를 전했다.

"뭐 다 알고 있었던 거잖아. 이런 상황에 결과가 잘 나오는 것도 이상하지." 대표는 대수롭지 않다는 반응이었다. 참석자 모두 그 심각한 데이터를 보고도 심드렁했다. 홀로 열을 올렸던 보고회가 끝나고 평소 가깝게 지내던 모 팀장은 나를 불러 넌지시 그 자리 이후의 이야기들을 전해주었다.

"그렇게 임원, 팀장들을 다그치듯이 말하면 어떡해? 내용의 진위나 심각성은 안 보이고 당신이 건방지다 이런 말들이나 하고 있더란 말이야. 어디 건방지게 윗사람들을 혼내듯 말하느냐?

는 거지."

급기야 조직 문화가 이렇게 된 데는 조직 문화 책임자가 일을 못해서인 거 아니냐?며 오히려 화살을 나에게 돌렸다.

딩, 망치로 얻어맞은 듯한 느낌이 들었다. 처음에는 기가 차고 억울했지만 곰곰이 생각해보니 맞는 말이었다. 위기감을 강조한다는 명분으로 홀로 열 내고 다그치고 모든 책임을 회사 전체 혹은 특정인에 떠넘기고 있었는지도 모른다는 생각이 들었다. 그들 말처럼 모든 문제의 원인을 다른 데서 찾고 있었던가? 감정이 섞인 말과 삐딱한 태도는 명분이나 공명심을 떠나 정당한 것이었나? 라는 의문이 들기 시작했다.

유명한 카피라이더 이원홍의 말이 생각났다.

'무엇을 말할지, 어떻게 말할지 두 가지 방법이 있다. 메시지가 옳더라도 어떻게 말할지가 잘못되면 50점짜리다.'

그날의 메시지는 아니 그동안 기업문화실장들과의 대화에서 주고받았던 나의 메시지는 어쩌면 모두 0점으로 수렴되었는지도 모른다. 진정 원하는 것은 무엇이었을까? 어떻게든 일이 되게 만드는 것 아니었나? 안 되면 차선을 만들고 그럼에도 불구하고 할 수 있는 것을 찾아 설득하는 일 아니었나? 그저 속에 쌓인 울분을 감정적 언행으로 풀기에만 급급했던 치기 어린 반항은 아니었을까?

결국 감정을 절제하지 못한 파이터는 일에서 쫓겨나 전혀 연관성도 없는 부서로 이동 배치됐고 신년의 어느 겨울, 회사에서 나왔다. 목적을 잃은 파이터의 명백한 KO패였다.

스파이더맨을 꿈꾸는 사람들

'내 인생은 평범해. 막 쓰거나 그렇진 않고. 평범하단 거야. 스펙도 했던 일도 가정도 내 주변도 모두가. 누군가는 평범하기도 어렵다고 하는데, 아무리 골똘히 생각해봐도 내 인생은 그저 평범해.'

조이서를 앞에 둔 박새로이가 나였다면 이렇게 말했을 것이다. 특별히 되고 싶은 것도 없었다. 그저 하다 보니 서울 시내 중상위권 대학에 들어갔고, 행정학을 전공하긴 했지만 고시 공부에는 손톱만큼도 관심이 없었다. 캠퍼스에 벚꽃이 흐드러지게 핀 4월이면, 따사로운 봄볕도 꽃향기도 질식해버릴 것만 같은 고시반에서 청춘을 썩히는스무 살 새파란 마음으로는 동료, 선배들을 보며 혀를 찼으니까.

그렇게 군대를 다녀오고 복학을 하고 그다지 인상적이지 않은 졸업 시즌을 보낸 후 대한민국을 빨갛게 달구었던 2002년 월드컵의 해에 졸업을 했다. 지금도 그렇지만 당시는 IMF 환란의 후유증으로 취업난이 심했다. 약 1년이 넘는 취업난을 온몸으로 겪은 끝에 그래도 그럭저럭 다닐 만한 기업에 취업했다.

만 2년을 채우고 옮긴 다음 회사는 이 나라 세 손가락에 들어가는 대기업이었다. 물론 규모로 보나 영향력으로 보나 마이너한 소규모 관계사였지만 이후 14년을 내리 한 분야에서만 일했다. 사람과 관련된 일. 사람을 뽑고 육성하고 그들이 일할 환경을 만드는 일이었다. 45세 신년의 겨울, 그러니까 2020년 2월의 어느 날 회사를 그만두기까지 운명 같은 그 일을 놓지 않았다.

지금에서야 청춘을 저당 잡힌 대가로 이런저런 국가고시에 성공한 고시반 선배, 동기들의 안정적 삶이 눈에 들어오지만, 아직도 그 삶이 막 부럽지는 않다. 그래, 자기합리화다. 그들은 그렇게 생각하지 않을 테니까. 그렇게 본인들을 비웃으며 선택한 삶이라는 것이 기껏해야 사기업 월급쟁이였으며 그마저도 중도에 탈락한 셈이니까. 어떻게 보면 평범한 삶이라기보다는 실패한 삶에 가까우니까. 지금까지는. 인정한다.

그래도 이제 '겨우' 마흔 중반이라 생각하기로 했다. '인생 백세 시대'라는데 고작 반 온 거다. 막연하게만 품어왔던 글을 쓰겠다는 꿈, 그리고는 마침내 위대한 스토리텔러가 되겠다는 끝 그림을 들고 세상에 나와 도전 중이다. 비록 어두운 터널 속에서 그 끝이 어딘지도 모를 길을 더듬어 걷고 있지만 후회는 없다.

인생은 타이밍이라는데 '좋은 시절 다 보내고 뒤늦게 고생이다' 싶겠지만, 뭐 어떤가? 스스로 즐거웠고, 즐겁고 또 즐거울 예정이다. 앞으로 얼마나 많은 시간을 또 그렇게 보내야 하는지 알 수 없지만 나아간다. 그렇게 나아갈 뿐이다.

아주 가끔 '더 일찍 시작할 걸'이라는 후회가 밀려들 때면 '지금이라도 시작한 것이 어디냐?'라고 불편해지는 마음을 다독인다. 멀쩡히 다니던 직장을 제 발로 뛰쳐나와 집안에 들어앉은 남편, 아버지를 보는 아내와 아들의 마음은 어땠을까? 저 둘을 위해서라도 지금까지 살아온 인생을 수십 배 압축해 노력해야 한다. 어쩔 수 없이 고개를 쳐드는 미안함을 그렇게 무마시키면서.

그저 평범한 인생이었다는 자기 위안으로는 충분치 않다. 별다른 노력도 없이 그 이상의 요행을 바라고 그럭저럭 되는 대로 살아온 실패의 궤적임을 부인하기 힘들다. 어쩌면 스파이더맨이 되기를 꿈꾸었는지도 모른다. 연구실에서 탈출한 슈퍼 거미에 우연히 물렸을 뿐인데 팔에서 거미줄이 나가고 벽에 붙을 수도 있고 악당을 물리치며 기막힌 삶이 펼쳐지는 그런 판타지 말이다.

판타지에서 깨어나 스스로에게 묻는다. 그 능력을 얻기 위해 무슨 노력을 했는데?

토요일 오전 사람들이 길가에 죽 늘어서 있다. 무슨 일인가 봤더니 로또 구매 대기 줄이다. 1등이 몇 번 나오고 2등도 수차례 나온 명당 집이란다. 대열에는 나이 든 노인, 젊은 청년, 중년의 남녀, 하이힐을 신은 여자 등 남녀노소가 따로 없다. 수백, 수천만 분의 확률, 길을 걷다 마른벼락을 연속해서 맞는 정도의 희박한 확률이라고는 하는데 어쩐 일인지 매주 1등 당첨자가 그것도 복수로 나온다. 그들은 당첨이 확인된 순간 어떤 기분이었을까?

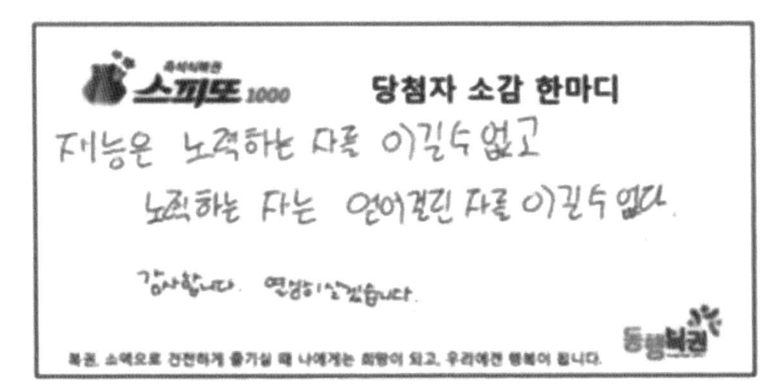

인터넷 세상에서는 별다른 노력 없이 얻어걸린 자가 다수의 노력하는 자를 조롱하기도 했다.

스파이더맨이 되는 일과 로또에 당첨되는 일은 어쩌면 같은 맥락이 아닐까? 아무런 노력도 없이 스파이더맨을 꿈꿨던 어느 실직자는 그 조롱을 보고 정신을 퍼뜩 차린다. 노력 없이 한방에 얻어걸린 일의 결말이 어떠했는지도 진지하게 생각해보기로 했다.

> 사람들은 삶에 마법 같은 것이 있다고 믿고 싶어 한다. 모든 것이 고루하고 지루한 현실 세계의 규칙을 따라야 하는 것은 아니라는 것을 말이다. 실력을 키우기 위한 힘든 노력이나 훈련이 필요 없는 놀라운 능력을 가지고 태어나는 것보다 신비로운 것이 또 있겠는가? 이를 전제로 형성된 거대한 만화책 산업이 있을 정도다. 느닷없이 마법 같은 일이 일어나고, 갑자기 당신은 놀라운 힘을 얻게 된다.
>
> –《1만 시간의 재발견》, 안데르스 에릭슨·로버트 풀

나는 스파이더맨이 되기를 바라고 일확천금을 꿈꾸고 행여 그런 행운이 오기라도 하면 노력하는 자들을 비웃을 준비가 된 복권 명당 대기자 중 하나였을 뿐이다. 피, 땀, 눈물 그 의미를 알고 있다는 말로 스스로를 속이고 실제로는 정반대의 삶을 그려온 위선자였던 셈이다.

과정이 없는 결과란 얼마나 허무하고 무의미한 것인가? 우리는 일확천금을 이루었던 복권 당첨자들의 불행한 결말에 대해서

도 알고 있다.

좋은 게 좋은 거라며 손쉬운 길을 택한다. 정당히 치러야 하는 대가를 피할 수 있다면 피하고 싶다는 심리가 만연하다. 고통스러운 노력을 감내하기보다는 워라밸, 욜로를 외치며 하루하루 즐겁고 편하면 그뿐이다물론 워라밸, 욜로가 나쁘다는 뜻은 아니다. 오용될 가능성에 대한 이야기다. 그런데 정작 돌아보니 남의 이야기가 아니지 않은가? 마침내 결심한다. 더는 스파이더맨이 되려고 하지 않기로. 세상이 비웃어도 정당한 과정과 대가를 치러 내가 원하는 것을 얻으련다. 그 결과가 스파이더맨이 아니어도 좋고 로또 1등이 아니어도 괜찮다. 거기에 운이 작용하는 거라면 나는 그 운을 고스란히 내 과정의 동력으로 돌리겠다.

타인은 지옥이 아니다. 거울이다

남들이 보는 나는 어떤 사람이었을까? '시니컬한 사람.' '부정적인 사람.' 그런데 알고 보면 '따뜻한 구석이 조금은 있는 사람.'

그 사실을 알게 되기까지 꽤 긴 시간이 필요했다. 나를 아는 사람들이 듣는다면, '아니 그 쉬운 걸 이제 알았어?' 할지도 모른다. '시니컬한 게 뭐냐?' 구체적으로 묻는다면 말과 행동, 표정이나 몸짓 등이 전반적으로 '뾰족하고 날카롭고 요소요소 후벼 파는' 정도의 뜻일 게다. '좀처럼 먼저 다가가기 힘들고 시간을 두고 겪어봐야 알겠는 사람' 정도일까?

생김새도 그렇게 생겼다. 키는 180, 몸무게가 70이 안 나간다. 얼굴 또한 긴 편인데 날카로운 금속성 안경을 즐겨 썼다. 거기에 잘 웃지 않는 표정을 기본 탑재하고 말투도 무뚝뚝 뭐 그렇단다.

지금까지 그렇게 살아왔고 직장에서도 별반 다르지 않았으리라.

돌이켜 생각해보면 그 뾰족함 때문에 난처한 일도 많았고 오해도 많이 받았던 듯싶다. 그런 오해를 받고 있다는 사실조차 인지하지 못했으니 생긴 것과 다르게 무뎠던 것일지도 모르겠다.

"형, 친해지기 전에는 얼마나 재수 없었는지 알아요?"

"인사도 안 받고 눈을 마주치지도 않고 저런 건방진 인간이 있나 싶었지. 한번 혼내줘야겠다 벼른 적도 있었고…."

입사한 지 5개월도 아니고 자그마치 5년이 지난 시점이었다. 그렇게 알게 된 타인의 나에 대한 인식그렇다고 내가 그런 인간임을 인정한 것은 아니기에. 다수의 입방아에서 오르내리던 또 다른 내 모습을 있는 그대로 전달받았을 때의 충격이란.

처음에는 받아들이기 쉽지 않았다. 니들이 뭘 안다고? 내 생각을 들여다봤어? 사람 함부로 판단하지 마! 싶었다. 하필 사람과 관련한 일사람을 뽑고 교육하고 마음을 움직이는 그런을 맡았는데 이건 숫제 음식 맛도 모르는 사람이 주방을 맡겠다고 나선 꼴 아닌가? 타인이 보는 나의 모습과 실제 내가 그런 사람인지 여부에는 일정한 거리가 있겠지만 산 속 깊은 곳에서 홀로 살아가는 자연인이 아닌 다음에야 두 모습의 조합이 '나'라는 실체에 조금 더 가까울 것이다.

다른 사람들이 그렇다는데 혼자서만 열 내봤자 바뀌는 것은 없다. 그 사실을 깨닫는 데도 시간이 필요했다. 일을 위해서라도 당장의 변화를 꾀해야 했다. 지적 받은 사실을 의도적으로 인식하려 했고 '나는 원래 그런 사람이 아니에요'라는 유화적 제스처도 취해야 했다.

그러나 무작정 그 뾰족함을 갈아 뭉툭하게 만들 수는 없는 노릇이었다. 평생 그렇게 살아온 관성도 관성이거니와 평소와 다른 행동을 의식적으로 하려니 일종의 이질감을 견디기 어려웠다.

대안이 필요했다. 뾰족함을 아예 갈아내서 없애기보다는 다른 부분을 부풀려 뾰족함이 덜한 방향으로 움직이면 어떨까 싶었다. 회사 조직과 윗사람에 대한 뾰족함, 날카로움은 그대로 두고 동료나 부하직원에게는 둥글게 보이려고 애썼다. 그게 내 개성이고 존재의 이유라고 생각했다.

소설가 장강명은 《책 한번 써봅시다》에서 개성을 'shape of heart'에서 찾았다. 추억의 팝 스타 스팅Sting의 노래 제목에서 힌트를 얻었는데, 각자 마음의 모양은 다 다르고 그것을 제대로 아는 것에서부터 개성은 시작된다고 했다.

그 말에 따르면 내 개성은 뾰족함이었다. 조금 더 풀어서 말하자면 '비판적인, 독특한, 순응하지 않는' 정도가 되겠다. 그 뾰족함이 창의성이나 혁신적 아이디어로 흐른다면 더할 나위 없겠지만 많은 사람의 접근을 막는 거부감으로 작용한다면 문제다. 심지어 말도 무뚝뚝하거나 툭툭 내뱉는 식이어서 그 뾰족함이 누군가에겐 때로 상처가 됐을 것이다. 아무리 개성 넘쳐도 그 뾰족함이 위협이 된다면 개성이라고 우겨본들 무슨 소용일까?

뾰족함의 당사자는 남들에게 보이는 자신의 모양shape을 미처 인지하지 못해 스스로 오해를 만들었고 그 오해는 또 부정적 성격으로 덧칠 되었으며 주변인은 지레 겁을 먹고 다가오지 않는 악순환에 빠졌다.

'아~ 나는 이곳에서의 5년을 어떻게 지내왔단 말인가?'

타인에 보여지는 자신의 부정적인 면을 직시하는 경험이 유쾌할 리 없다. 처음은 지옥의 맛이다. 더구나 스스로 깨달은 것이 아니라면 뒷맛은 더 씁쓸하다. 스스로가 타인에 어떤 모양으로 비춰지는지 알지 못한 채 '왜 다가오지 않지'라며 수동적으로 기다려봐야 헛수고다.

서둘러 나를 돌아봐야 한다. 변화는 무엇이 문제인지 현상을 정확히 인지하는 것으로부터 시작된다. 그리고 그 중심에 다름 아닌 '나'가 있다. 나를 제대로 아는 일, 자기인식self awareness에 공들여야 하는 이유다. 이는 대니엘 골먼Daniel Goleman이 주창한 감성지능 EQEmotional Quotient의 첫 번째 구성 요소이기도 하다.

생각보다 사람들은 자기 자신에 대해 잘 모른다. 평생을 자신의 관점으로 살아왔으므로 내가 나를 잘 모를 수도 있다는 사실 자체를 인지하지 못한다. 이제 자신을 향해 눈을 돌릴 차례다.

'Shape of I.' 내 모양이 어떤지 진지하게 스스로 그려보자. 그리고 제3자의 눈으로 확인해보자. 타인의 시선을 거울삼아 시간을 들여 '나'를 다듬을 수 있다면 새롭고도 놀라운 객관적 '나'를 비로소 만나게 된다.

필요한 것은, 적절한 상황에 합당한 감정

나의 감정적 특징을 한마디로 요약하자면 높낮이의 변동 폭이 적은 '무덤덤'이다. 그것을 한동안은 긍정적으로 생각하기도 했다. 어린 녀석이 감정을 조절할 줄 안다는 말이 듣기 좋아서였던 것 같기도 하고, 타인의 감정 표출을 보며 별 것 아닌 일에 왜 저렇게 과하게 반응할까? 싶은 생각을 종종 하기도 했으니 말이다.

다시 말해 어떤 감정을 느껴도 그것을 잘 표현하지 않는 편이다. 문제는 표현을 하지 않다보면 그 능력도 떨어진다는 사실이다. 특히나 사람들의 마음을 살펴야 하는 일사실 생각해보면 거의 모든 일이 그런 일이지만, 예컨대 창의적인 광고일이나 작가 같은 직업을 가지려면 이 감정 표현에 서툴러서는 문제가 크다.

내가 좋아하는 카피쟁이 이원흥은 '아무것도 아닌 것에도 놀라움을 찾아낼 줄 아는 사람과 놀랄 만한 대상에게조차도 심드렁한 사람의 성장 그래프는 갈수록 어마어마하게 차이가 난다'고 했다. 놀라움을 표현하는 것도 감정이다. 짐짓 속에서 일어나는 놀라움을 억지로 누르거나 또 반대로 놀랍지도 않은데 놀라운 척하는 일은 우리에게 해로운 일일지도 모른다.

사실 살면서 자신의 감정에 대해 주목하고 한 발 비켜서서 묵묵히 지켜보는 일은 여간 어렵지 않다. 감성지능을 연구한 대니얼 골먼은 그런 지능을 자기인식self awareness이라고 규정했다. 그는 또 '감정 절제의 목적은 균형이지 억압이 아니'라고도 했는데, 참으로 옳다 싶다.

감정을 억압해봐야 자기 손해다. 자연의 이치란 오묘해서 출구를 만들어 놓지 않고 무조건 밀어 넣기만 해서는 임계점에 이르러 반드시 터지게 마련이지 않던가? 작용, 반작용이란 간단 심플한 이치다. 그런데 무조건 참고 표현하지 않는 것이 미덕이라고 강요하는 사회라니.

어쩌면 타고난 기질도 아닌데, 소시오패스처럼 보이는 사람은 이런 사회의 폭력에 길들여지거나 희생된 피해자일지도 모른다. 특히 이 시대 많은 장남들이 그 피해자 대열에 끼어 있는 것은 그저 우연일까? 내 감정이 왜 이렇게 됐을까? 시간을 되돌려 구체적 사건을 소환해 봐야겠다.

국민학교 5학년 때였을 것이다. 당시 나는 반장을 맡고 있었다. 장남이 가진 특유의 책임감에 반장이라는 완장을 더했으니 그 무렵의 책임감은 아마도 남달랐지 않았나 싶다. 어느 날 하교 시간에 담임선생님은 나를 불러 다음날 체육 시간에 쓸 배구공을 가져오라고 했다. 지금 생각해보면 '학교에는 그런 기자재가 없었나? 왜 그걸 학생에게 가져오라고 시켰지?'라는 생각이 들지만 당시에는 반장으로서 하늘같은 담임선생님 지시를 철석같이 따라야 한다고 생각했다.

집에 돌아와 보니 집안 분위기는 심각했다. 얼핏 듣기로 보증 관련 문제가 생겨 집이 경매에 넘어가게 생겼다는 엄마의 울먹이는 목소리와 함께 어른들의 웅성거림이 마치 벌떼가 날아다니는 것 같은 소음으로 들려왔다. 창밖으로는 날이 저물면서 붉은 노을이 지고 있었는데, 눈물을 훔치며 거실로 나오는 엄마의 눈동자가 같은 색이었던 기억이 선명하다. 그날의 검붉은 기억.

나는 거실로 나온 엄마에게 조심스럽게 배구공을 사야 한다고 말했다. 엄마는 알겠다는 말을 남기고 서둘러 화장실로 들어가 한동안 세면대의 물을 틀어 놓고는 밖으로 나오지 않았다.

얼마나 시간이 흘렀을까? 집안의 가라앉은 분위기를 살피면서도 배구공 살 돈을 아직 받지 못했다는 생각에 마음이 급해졌다. 나는 또 한 번 배구공 이야기를 꺼냈다. 엄마의 눈동자는 여전히 붉었고 나는 그저 당면한 목적에 충실했다.

그날 결국 나는 화가 났던 모양이다. 온통 담임선생님의 지시, 반장으로서 책임감 따위만이 지배하고 있었다. 그제야 엄마는 내 방에 들어와 5천 원짜리 지폐를 건네주며 배구공을 사오라고 했다. 겨우 마음이 풀린 나는 문방구로 달려가 배구공을 샀고 다음날 의기양양 학교에 갔다. 그 이후 배구공의 행방은 기억이 나지 않는다. 새하얀 새 배구공은 되돌려 받지 못했던 것 같다.

그날의 기억은 성인이 된 지금도 때때로 되살아나 마음속 어딘가를 채운다. 감정을 드러내는 일이 그다지 좋은 일만은 아니라는 생각을 갖게 되었다면 아마도 그날의 검붉은 분위기 때문이었을 것이다. 난생 처음 느껴보는 어른들의 날 것 그대로의 감정, 울음, 분노, 상실감 따위. 그 모든 것을 버무린 어떤 복합적 감정이 내면에 둘둘 말린 채 접혀 있다가 알 수 없는 이유로 종종 활짝 펼쳐지곤 했다.

고작 5학년의 어린이가 받은 그날의 본질은 사실 충격이었는지도 모른다. 의식 밖으로 표출되지는 않지만 여전히 그때의 온도를 품은 채 어딘가에 자리 잡은 날카로운 기억. 나이가 들어가면서 종종 떠오른 그날의 감정은 때로는 부끄러움으로 때로는 미안함으로 때로는 안쓰러움으로 변해갔다. 그런 이유로 감정을 드러내는 일이 나약한 것이라고 스스로 규정하고 학습해왔다면 그날은 분명 시작점이었을 것이다. 분명한 사실은 좋은 일엔 덜 좋아하고 나쁜 일엔 조금 덜 슬퍼하는 연습을 나도 모르게 해왔다는 것이다.

아리스토텔레스는 말했다. '필요한 것은 상황에 어울리는 합당한 감정'이라고. 감정을 억압하고 누르는 일은 그다지 바람직하지 않다. 감정을 잘 조절한다며 칭찬받거나 추켜세울 일은 더더욱 아니다. 부정적이든 긍정적이든 때와 장소와 사람에 맞는 적절한 감정 인식과 표현 그리고 균형이 필요할 뿐이다.

오늘날 나를 비롯한 많은 내 이웃들이 감정의 무게에 종종 무너지는 이유가 어쩌면 이 때문인지도 모르겠다. 자신의 감정을 제대로 이해하지 못하는 사람이 그 감정을 적절히 다룰 리 없다. 슬플 때 슬퍼할 줄 알고 기쁠 때 기뻐할 줄 아는 사람이 건강하다.

내가 몰랐던 나를 차근차근 찾아내고 비로소 내 의식의 전면으로 내세우기 시작한다. 그동안 꽁꽁 싸매어두었던 감정이라는 보물을 꺼내어 갈고 닦고 반짝반짝 빛나게 만들어 나와 내 주변을 위해 쓴다. 감정을 되찾는 일이 바로 나를 되찾는 일의 중심에 있다. 남자라서, 장남이라는 이유로, 리더니까 따위 핑계를 대며 무딘 감정 표현에 면죄부를 주지 말자.

스스로의 감정에 조금 더 솔직하고 너그러워질 것.

기억은 다만, 재구성될 뿐

내 기억은 얼마나 정확할까? 내가 직접 겪고 듣고 봤던 일들의 총합이 과거라면 한 치의 오차도 없이 정확하게 인식되어 있지 않을까? 과연 그럴까?

70년대 중반에 태어난 X세대로서 어린 시절을 가득 채운 건 TV만화영화였다요즘이야 애니메이션으로도 불리지만 당시에는 만화영화라고 불렀다. 일요일 아침이면 졸린 눈을 비비고 일어나 디즈니 만화동산을 기다렸고 평일 저녁 7시에는 어린이 명작동화, 은하철도 999, 마징가 Z, 미래소년 코난, 들장미 소녀 캔디, 원탁의 기사, 모래요정 바람돌이 같은 만화영화에 열광했다. 당시만 해도 어린이들이 즐길 수 있는 거의 유일한 콘텐츠였기에 만화영화 방영 시간에는 온 동네가 텅텅 비다시피 했다.

동심을 사로잡았던 희망과 모험의 이야기들은 어느 날 순수한 아이들의 뒤통수를 후려쳤다. 그 많은 만화영화들이 모두 우리나라 만화가 아닌 일본에서 건너왔다는 사실을 알게 되었을 때의 배신감이란. 철이니 쇠돌이니 주인공이나 등장인물 이름을 죄다 한국식으로 바꿔 놓은 데다 주제가도 김국환님의 목소리로 기가 막히게 뽑아댔으니 그리 믿을 수밖에.

그런 일본 어린이 만화의 홍수 속에서 국산 만화도 나름 힘을 썼는데 '달려라 하니'는 그 대표 주자 중 하나였다. "빠라빠라바람~ 달려라~ 달려라~ 달려라 하니~"로 경쾌하게 시작하는 주제가는 무려 이선희님이 불렀다. 가사 하나하나까지 다 기억이 날 정도니까. 남자아이 여자아이 할 것 없이 즐겨봤던 만화였던 것으로 기억한다. 지금 생각해보면 안방극장을 깊숙이 침투한 일본 만화 틈바구니에서 한국 만화에 대한 가능성을 보여준 우량 콘텐츠였던 셈이다.

작고 여리여리한 체구에 눈이 초롱초롱하던 주인공 하니는 악바리지만 어딘가 슬프고 불쌍하고 안쓰러운 존재. 부스스한 머리와 파란 추리닝 차림의 홍두깨 선생님은 어딘가 빈틈이 있고 궁핍해 보이지만 하니에게만은 한없이 따뜻하고 든든한 조력자. 표독스럽고 쌀쌀맞은 표정의 나애리는 그런 하니를 괴롭히고 시기하고 사사건건 트집을 잡는 '나쁜 기집애'.

어른이 되면서 기억의 저편으로 사라졌던 하니는 유튜브 알고리즘에 이끌려 다시 부활했다. 그렇게 재장구친 하니는 어딘가 낯설다. 선생님의 옥탑방에 얹혀살며 신문을 돌리던 작고 가여운 기억 속의 소녀는 어디로 갔단 말인가? 책상 서랍 저 깊은 곳에서 한동안 잊고 있던 손때 묻은 물건들을 발견하듯 하니의 진짜 속사정이 모습을 드러낸다. 사업가인 아빠는 부유하다. 일로 바쁜 아빠를 대신해 엄마 역할을 자처하는 인물은 무려 당대 최고의 배우 유지나 씨다. 경제적으로 아쉬울 것 없던 부유한 아이 하니는 엄마를 잊은 아빠가 미워 집을 뛰쳐나왔을 뿐이다. 영화의 반전처럼 흠칫 놀란다.

이 시점에서 나애리가 등장한다. 우리 인식 속의 그녀는 정말 하니를 시기해 사사건건 괴롭히던 악의 캐릭터, 즉 '나쁜 기집애'였을까? 슬슬 의심이 든다.

어느 날 하니는 어떤 집의 담장에 매달려 마당을 내려다보고 있다. 그 집은 엄마와 함께 살던 곳으로 행복했던 한때를 회상하며 미소 짓는다. "얘, 너 우리 집에서 뭐하니?"나애리의 등장이다. 육상 엘리트인 나애리는 하니보다 키도 크고 얼굴도 예쁜 소녀다. 말투나 행동이 학생치고 비호감이긴 하지만. 객관적으로 '나쁜 기집애'라는 평판을 하니로부터 들을 이유는 딱히 없다.

그런데 왜? 우리의 기억 속에 '하니=악바리, 안쓰러움, 고난을 이겨내는 선', '나애리=표독스러움, 인간미도 없고, 주인공을 방해하는 악' 이런 구도로 남아 있을까? 나애리의 입장에서 보자면, 그저 하니의 옛집에 이사 온 죄, 육상에 재능이 뛰어나 조금 거들먹거린 죄, 불쌍한 하니에게 쌀쌀맞게 대한 죄로 어린이들의 공공의 적이 되어버린 셈이다.

어린 동심은 엄마에 대한 그리움에 집을 뛰쳐나와 신문을 돌리고, 옛집을 찾아가 엄마와의 추억을 회상하며 눈물을 훔치는 하니에게 심적 공감을 느꼈을 것이다. 하니보다 더 키도 크고 더 예쁘게 생기고 재능도 뛰어나다고 평가받는 나애리가 얄미웠을 것이다.

동심은 이야기 중심, 주인공 중심으로 정보를 선택적으로 받아들였던 것일까? 자기 마음을 뒤흔든 결정적 장면만을 추출해서 순전히 내 중심으로 기억을 조합해 머릿속에 집어넣었는지도 모른다. 그 매커니즘은 누구의 잘못도 아니며 흔히 발생하는 자연스러운 오류였을 것이다. 어른이 되어 동심이라는 필터를 제거당한 눈으로 바라보기 시작하면서 동심이 흘려버린 디테일을 동등하게 보게 되었을 것이다. 그 결과 다시 나타난 하니는 사회성이 결여된 '사회 부적응자'에 가깝고 오히려 나애리는 '나쁜 기집애'에서 '매력적인 소녀'라는 인식의 전환이 생긴 것은 아닐까?

어린 시절 만화영화 가지고 무어 이렇게 심각해지냐고? 흠, 이 문제는 생각보다 중요하다. 사실 관계를 정확히 하는 문제이기 때문이다.

> 인간은 조잡한 과거의 이야기를 만들어놓고 그것들이 사실이라고 믿는 식으로 계속 자신을 기만하는 내러티브narrative fallacy를 범한다.
>
> – 나심 니콜라스 탈레브(Nassim Nicholas Taleb)

나심의 말처럼 단순히 만화영화 속 주인공들의 이야기만은 아니다. 우리의 일상에 그런 기억의 왜곡은 심심찮게 일어나고 그 사실을 미처 인지조차 못한 채로 평생을 살아가기도 한다. 왜곡된 기억으로 누군가에 대한 감정이 달라지고 판단과 행동에까지 영향을 미쳐왔다면? 그런 일이 일생을 통틀어 꽤 잦다면? 우리의 기억을 온전히 신뢰할 수 있을까? 왜곡되거나 오해에서 비롯된 정보들이 판단이나 결정에 개입되었다면 어떤 일이 벌어질까?

기억은 어떤 식으로든 '지금'에 개입한다. 왜곡이나 부적절한 정보들이 상당히 들어 있다면 그 판단은 제대로일 수 없다. 디테일의 차이쯤은 얼마든지 수정해 나갈 수 있고 영향력도 크지 않겠지만, 핵심 정보가 왜곡되거나 뒤틀렸을 때 심각한 판단의 오류가 생길 가능성은 대단히 높아진다.

물론 누군가 의도적으로 과거의 사실을 왜곡하거나 가공을 일삼을 여지는 크지 않다. 그렇지만 경험이나 시간의 흐름, 관점의 변화에 따라 하나의 사실이 얼마든지 다르게 보이고 새롭게 해석될 가능성이 높다는 점만은 충분히 감안해야 한다.

죄 없는 나애리의 억울함은 누가 어떻게 풀어줘야 할까?

나는 때때로 틀린다. 너도 그렇다

고등학교 2학년 때의 일이다. 당시 학교를 가기 위해서는 버스를 타야 했다. 우리 학교 인근으로 여고2, 여중1을 포함해 총 4개의 학교들이 몰려 있던 탓인지 버스는 항상 학생들로 만원이었다. 아침부터 북적이는 만원 버스에 지친 나와 친구는 어느 순간부터 걸어서 등교를 했다. 등굣길에는 그다지 가파르진 않지만 꽤나 긴 고개가 있었는데 빠른 걸음으로 서두르면 학교 정문까지 40분이 꼬박 걸렸다. 등교뿐 아니라 하교 때도 시간을 맞춰 함께 걸어오곤 했는데 어느 날 하굣길에 문제가 생겼다. 고개 꼭대기 인근에 이르러 갑자기 장난이 치고 싶었던 나는 "야, 너 배지 없어졌어!"라고 했다.

"어? 진짜 없네."

"진짜 없다고?"

"뭐야, 너 알면서도 지금 얘기한 거야?"

정말 귀신이 곡할 노릇. 고개 정상에 이르러서 그저 놀라게 해줄 마음에 던진 장난이었는데, 정말 배지가 없어진 것이다.

"아니야, 장난으로 없어졌다고 한 거였는데, 진짜 없어졌단 말이야?"

"장난은 무슨, 이 새끼 이거 저 밑에서부터 알면서도 지금 말한 거 아냐?"

"아냐, 정말 맹세해!"

일은 생각보다 크게 번졌다. 친구는 알면서도 고개 정상에 이를 때까지 일부러 말하지 않은 것으로 생각했고 나는 억울했다. 기가 막히게 떨어진 정황상 친구의 반응도 이해가 됐다. 그렇지만 사실이 아닌 것을 어쩌겠는가? 일부러 그랬다 아니다 옥신각신 다투다가 큰 싸움으로 번졌고 결국 그 친구와 등교하는 일은 중단되었다.

그 이후 한동안 서먹해졌는데 다시 화해한 것은 고3이 되어서였다. 버스를 타기 위해 정류장에 서 있다 우연히 그 친구를 마주쳤다. 문득 그날의 기억이 떠오르면서 또다시 억울한 마음이 들었지만 정황상 그럴 수 있었겠다, 라는 당시의 생각 또한 머릿속을 스쳤다. 그 순간 나도 모르게 손을 내밀어 화해를 청했다.

친구는 다행히 화해를 받아들였고 시간이 흘러 중년이 다 된 지금도 그 이야기를 가끔 꺼낸다.

그런데 재밌는 사실은 그 일에 대한 서로의 기억이 다르다는 것이다. 나는 하굣길, 친구는 등굣길에 그런 일이 있었다고 기억했다. 심지어 등굣길이었기 때문에 학교에서 그 일로 벌까지 받았다고 했다. 당시에는 학교 배지를 착용하지 않거나 교복을 잘못 입고 왔거나 복장 불량이 적발되면 운동장을 세 바퀴씩 뛰는 벌을 받았는데 배지가 없어져서 그 벌을 받았다는 것이다. 내 기억 속에 너무나 선명한 하굣길의 기억이 등굣길의 기억으로 뒤바뀐 데다 그 일로 인해 벌까지 받았다는 추가된 기억의 흐름을 어떻게 받아들여야 할까?

내 기억이 왜곡됐을 가능성은 낮았다. 그날의 복장, 날씨, 상황, 대사, 학교 정문을 나와 언덕길 정상에 오르는 시점까지 마치 어제 일처럼 기억이 생생한데다 친구의 말대로 등굣길이었다면 배지로 적발되어 벌을 받는 그 상황을 함께 겪었을 텐데 그 장면은 아예 통째로 기억에 없기 때문이다. 친구의 말대로라면 일부러 골탕을 먹이기 위해 장난을 친 셈이니 그 장면만을 기억에서 무의식중에 삭제해버린 것일까?

30여 년의 세월을 돌아 술자리에서 그 이야기가 소환될 때면 아직도 각자의 기억이 그렇게 충돌한다. 그 자리에서 누구의 기억이 맞는지 시시비비를 가릴 생각은 없었지만 같은 사건을 두고 당사자 둘의 기억이 얼마든지 다를 수 있다는 사실을 생생히 목도하는 순간이기도 했다. 거기에 자신의 관점이 가미되고 다른 사건이 뒤섞이면 그 왜곡은 어디까지 커질지 모를 일이다.

소설가 故 박완서는《누가 그 많던 싱아를 먹었을까》에서 '나이 먹을수록 지난 시간을 공유한 가족이나 친구들하고 과거를 더듬는 얘기를 하는 경우가 많은데 그럴 때마다 같이 겪은 일에 대한 기억이 서로 얼마나 다른지에 놀라면서 기억이라는 것도 결국은 각자의 상상력일 따름이라는 것을 깨닫게 된다'고 했다.

우리는 이런 경우를 얼마나 많이 겪을까? 내 기억이 언제나 맞을 확률은 또 얼마나 될까? 서로의 기억을 맞대어 보면 누구의 기억이 더 정확한지 판가름할 수도 있다. 정확한 근거가 있거나 그 상황을 증명해줄 제3자가 있으면 보다 쉽다. 문제는 사소한 기억의 충돌이 종종 관계를 뒤틀기도 한다는 점이다. 특히 다툼이라거나 의견 불일치 같은 부정적 사건일 경우 충돌하는 지점을 명확하게 해소하지 않는다면 마음속에 '꽁함'이라는 불씨가 남아 언제든 관계를 송두리째 불태워 버릴지도 모른다.

필요한 것은 서로에 대한 가능성을 인정하는 일이다. 나도 언제든 틀릴 수 있는 존재라는 가능성, 그리고 상대방도 언제든 그럴 수 있다는 가능성 말이다. 이렇게 선명한 사실을 어떻게 저렇게 왜곡해서 기억할 수 있을까? 라는 입장에만 머문다면 그저 옛일이잖아, 라며 뭉뚱그리는 일만으로는 해소가 안 된다. 그런 불씨가 남은 상태로 관계는 더 진전될 수 없다.

서로의 가능성틀릴 수 있다는을 인정하고 그 사실 자체에 분노하거나 마음 상하지 않으면서도 얼마든지 원래의 기억을 복구해낼 수 있다. 사람이란 누구나 그런 존재니까. 글로 밥 벌어먹고 사는 위대한 작가조차 자신의 기억을 왜곡할 수 있으니까.

나를 제대로 아는 것만큼 상대의 의도적이지 않았을 기억의 굴곡도 너그러이 인정하고 차근차근 풀어나갈 일이다.

평범한 습관에 특별함 한 스푼 끼얹기

나를 설명해주는 특징 중 가장 대표적인 것을 꼽으라면 평범함이다. 문득 '왜 평범한 사람이 될 수밖에 없었는가?'를 생각한다. 결국은 습관 때문일지 모른다는 결론에 도달한다. 응? 어떤 습관? 평소의 생활 습관 말이다. 하루, 한 주, 한 달, 그리고 1년의 시간을 어떻게 쓰고 있는지에 대한 이야기다. 기본적으로 탑재된 습관을 바탕으로 누구를 만나고 어떤 일을 하고 또는 만나지 않고 어떤 일을 하지 않고 따위를 결정하는 일들의 총합. 어쨌든 별다른 변동 없이 일정하게 유지되는 기반이 있어야 그 외에 생기는 일들을 추가할지 말지 고민하는 일에도 의미가 생긴다. 말하자면 일상의 디폴트값이랄까?

습관, 그래 좀 있어 보이게 루틴이라고 하자. 생존을 위해 반복해 왔거나 필요에 의해 의도적으로 연습했거나 좋아서 스스로 꾸준히 해온 것들이 소소하거나 크게, 복잡하거나 심플하게 가지각색의 루틴으로 만들어져 뇌 속에 차곡차곡 저장이 된다. 더 정확히 말하자면 해마 속이다.

그 루틴들이 이끄는 대로 생각하고 행동하고 판단하면서 한 사람의 인생이 만들어져 온 셈이다. 평범한 습관들이 많이 탑재되었다면 평범한 사람이 되고 특별한 습관들이 많다면 특별한 사람이 될 가능성이 높아진다.

말하자면 나는 평범한 습관들을 만들어 왔고 자연스레 평범함 혹은 그 이하의 삶을 살고 있는 것뿐이었다. 왜 그렇게 됐을까? 왜 나는 특별함을 탑재하지 못했을까? 지금 이렇게 원하는데.

우선은 내 욕망부터 돌아봐야겠다. 어린 시절의 나는 어떤 아이였을까? 뭔가 특별함이 생각나지 않는다. 특별한 욕심이 없었다고나 할까? 지금에서야 되돌려 본 그 시절 시크한 꼬맹이의 하루하루는 덤덤 심심 짜지도 맵지도 달지도 않은 무색무취의 것이었다. 일어나라니까 일어나고 양치하라니까 양치하고 밥을 먹으라니까 밥을 먹고 학교를 가라니까 학교를 가고 숙제를 하라니까 숙제를 하고 등등. 그래도 많이 뒤쳐지지는 않았고 어떤 의미에서는 평균 이상이기도 했다. 예컨대 변명의 여지도 없는 등수 같은 것 말이다. 상위권 언저리에 놀았지만 한 번도 최고가 되어본 적은 없었다. 그렇게 되고 싶은 욕망? 글쎄 고3 무렵에 살짝 생겼던 것도 같지만 그다지 치열하지는 않아 금세 옅어졌던 것 같다. 나는 어린 시절 무려 30년을 S대 후문 근처에서 살았다. 국내 최고 대학이라는 S대생들을 거의 매일 보다시피 했고, 집에서 하숙을 잠시 치기도 했는데 S대생 형에게 지금으로 보면 개인 교습 같은 것을 받기도 했다. 그 형이 집으로 돌아오면 저녁상이 거하게 차려지곤 했는데, 아마도 식사를 대가로 내 공부를 부탁했던 듯싶다.

30여 년 전 국민학교 6학년의 어느 저녁, 공부방에 따로 마주 앉아 형을 통해 받아들었던 미들스쿨 잉글리시 교과서의 서늘한 질감과 책 냄새는 지금도 생생하다. 밥상을 차려주며 자식을 S대생에 부탁한 부모님의 마음이야 어찌 모를까? 당시에는 몰랐어도 지금 생각하면 그 마음이 절절히 전해져 잊을 수 없는 기억의 한 장면으로 오래 남아 있다.

그런저런 환경에도 불구하고 나는 최고, 1등, 특별함에 대한 동기가 생기지 않았던 것 같다. 열심히 하지도, 그렇다고 안 하지도 않는 뜨뜻미지근한 상태로 학창 시절을 보냈고 성적이 잘 나오지도 않고 안 나오지도 않는 평범함의 연속. 그 과정에서 내게 탑재된 것은 '끈기 없음'이었을지도 모르겠다. 좋은 습관을 만들지 못하게 하는 습관이랄까. 이름 하여 '그 정도 했음 됐어' 루틴.

그 놈은 내 인생에 있어 이를 악물고, 최선을 다해, 무언가를 극복하려는 특별함의 루틴을 멀리하게 한 원흉이었을지도 모른다. 그 빌어먹을 최악의 루틴은 대학을 졸업하고 직장에 들어가고 16년을 일하고 이런저런 이유로 그곳을 나오기 전까지도 계속되었다.

마흔 중반에 백수. 그 루틴이 이끈 현재의 내 모습이다. 아쉬움은 크지만 후회는 없다. 그 모습 그대로 인정한다. 그 또한 '나'라는 존재 그 자체다. 그런데 앞으로는 어떡할 텐가? 그 이전과는 완전히 다른 사람이 되어보기로 작정했다. 원하는 분야에서 최고에 올라보기로 마음먹었다. 영원히 유지될 새롭고도 특별한 습관을 만든다. 한 달 이상 이어가지 못했던 '의지'는 버린다.

일본의 경영 구루 오마에 겐이치는 자신의 저서 《난문쾌답》에서 인생을 바꾸는 세 가지 방법으로 '시간을 달리 쓰는 것, 사는 곳을 바꾸는 것, 새로운 사람을 사귀는 것'을 제시했다. 이 세 가지 방법이 아니면 인간은 바뀌지 않는다. '새로운 결심을 하는 것'만큼 무의미한 일도 없다, 라고도 말했는데 두 손 들고 동의해버렸다.

신경심리학자 프리데리케 파브리티우스Friederike Fabritius 또한 자신의 저서 《뇌를 읽다》에서 '강인한 정신력'에 의존해 결심이나 계획을 지키려는 행위는 매력적으로 보이겠지만 매우 비효율적이고 거의 실패할 수밖에 없는 시도라고 했다. 또한 자동차에 기름을 한 통만 채우고 미국 대륙을 횡단하겠다고 결심하는 것과 다름없다, 라며 오마에 겐이치의 주장에 힘을 싣는다.

의지 충만, 마음을 굳게 먹는 것으로 될 일이 아니란 이야기다. 우리는 수시로 새로운 결심을 한다. 새해만 되면 담배를 끊기로 결심하고 다이어트를 하기로 결심하고 책을 읽기로 결심하지만 그 의지력은 한 달을 넘기지 못한다. 누구보다 내가 더 잘 안다. 평생을 그렇게 살아왔으므로.

회사를 나온 것은 오마에 겐이치의 세 가지 조건을 거의 모두 만족시키는 변화였다. 출근을 하지 않아 시간을 달리 쓰게 됐고, 매일 8시간 이상 머물던 사무실에서 벗어났으니 사는 곳이 바뀌었고, 그 사람들과 멀어졌으니 만나는 사람도 바뀌었다사실은 없어진 것이지만. 이보다 더 완벽한 변화의 조건이 있을까? 나는 회사를 나오던 그 시점부터 새로운 일정을 만들고 실천했다. 힘주어 말할 수 있는 사실은 그 계획의 90% 이상을 실천해왔다는 것이다. 새로운 의지, 결심이 한 달을 채 넘기지 못했던 지난 45년의 루틴이 그야말로 바뀌어버렸다.

약 2년여간 매일 7시 40분에 기상하고 30분 운동하고 오전 글쓰기, 오후 책읽기의 루틴을 만들어냈다. 그 루틴을 어긴 날은 정말이지 손에 꼽는다. 왜 진작 이러지 못했을까?라는 후회가 들만큼. 애초에 의지력은 믿을 것이 못되고, 특별하고자 하는 욕망도 흐릿하고 잘나가지도 못나가지도 않는 그럭저럭한 삶. 그 모든 조건이 평범함으로 자연스레 유도하고 있었던 셈이다.

그러나 조금 늦으면 어떠랴. 나는 새롭게 태어났다. 특별한 사람, 내 분야에서 누구도 따라오지 못할 최고의 전문가가 되겠다는 마음을 먹었다. 그리고 그렇게 되기 위한 하루를, 루틴을 만들고 실천해냈다.

미래는 여전히 불확실하다. 감정은 수시로 롤러코스터를 탄다. 그래도 이 긴 터널을 묵묵히 감내할 수 있었던 원동력은 새 습관, 루틴의 힘에 있었다. 계획한 것을 그대로 해냈을 때의 성취감이란 이전의 평범한 루틴에서 느낄 수 없는 값진 경험이 분명하다.

그 힘을 믿고 오늘도 나아간다. 그리고 그 끝에 그토록 원하는 특별한 존재가 기다리고 있음을 믿어 의심치 않는다.

PART
04

나는 비로소
당신이 보인다

···

영화 〈아바타〉에 등장하는 나비 족에게는 인간의 '사랑'이라는 개념이 없다. 더 정확히는 그런 단어와 문장이 없는 것이다. '아바타' 제이크 설리를 사랑하게 된 나비 족 네이티리는 다만 이렇게 말한다. 'I see you당신이 보인다.'

화면 속 그 어떤 볼거리보다도 한마디 대사에 마음이 쉬이 움직인다. 어느 순간 내가 제이크 설리가 되고 네이티리가 되어 신비로운 판도라 행성의 자연 속에 함께 서 있다. 이토록 멋지면서 감미롭고 우주의 모든 것이 함축된 듯한 표현이 또 있을까. 아니 세상에, 나도 나를 잘 모르고 못 보는데 당신이 보인다니. 그 표현이 결국 사랑과 같은 의미라니. 그보다 더 찰떡같은 궁합이 또 어디 있을까? '시신경을 통해 망막에 맺힌 사물의 물리적 형태를 인지할 수 있다'라는 사전적 의미가 아님을 우리는 안다.

'I see you.' 당신의 생각, 기대, 기쁨과 슬픔의 감정, 내면 가장 깊은 곳 서로를 향한 간질거리는 무언가까지 온전히 연결되어 마치 나를 들여다보듯 당신도 보인다는 뜻일 것이다. 비단 남녀 간의 사랑만이 아니다. 애초에 사람과 사람이 모여 만들어내는 모든 관계의 태곳적 원천이 바로 '나 아닌 누군가를 제대로 보게 되는 것'이 아닐까?

오늘날 우리는 거미줄같이 촘촘한 관계망 속에서 살아간다. 가족, 직장, 지역 사회, 국가에 이르기까지 무수한 연결 속에 존재한다. 그 연결이라는 것이 언뜻 촘촘하고 제법 밀도 있어 보이지만 실상은 훅 불면 우수수 무너져 내릴 허상처럼 보이는 이유는 또 무엇일까? '가족'이라는 혈연을 제외하면 그 이후 만들어지는 관계는 선택적이지만 가변적이고 보다 가볍다.

왜 그럴까? 겉으로는 멀쩡한데 인스타에 올린 사진에서는 온통 행복한 모습뿐인데 왜 마음속 깊은 곳에서는 불안함과 공허함이 떠나질 않을까? 단단하거나 확고하지 못한 내적 성찰과 자기 인식이 문제의 근본이라면 그런 내면은 대체 어디에서부터 생긴 것일까?

꼬리를 무는 의문이 인다. 분명한 사실 하나는 군중속의 고독을, 관계의 가벼움을 토로하는 현대인들이 분명 많아졌다는 점이다. 바야흐로 상실의 시대. 그 중 가장 심각한 상실은 다름 아닌 '자기 상실'이다.

또다시 내게로 초점을 돌려 본질에 가까운 질문을 더 던져본다. 내가 나를 잘 모르는데 타인을 안다고 할 수 있을까? 나조차 나를 사랑하지 않는데 타인을 사랑한다는 말은 진심이긴 한 걸까?

우리는 언제부터 자아를 잃은 채 누군가 만들어놓은 질서와 규칙에 따라 그저 순응하는 정도로 만족하게 되었을까? 아니, 그런 사실 자체를 인지하지 못하게 되었을까? 이 물음에 대한 고민으로부터 작은 실마리를 찾게 될지 모르겠다.

아프리카 초원, 이빨을 드러낸 포식자들이 사냥감의 숨통을 물어뜯어 시뻘건 혈흔이 낭자하다. 무리에서 도태된 병든 개체나 어미의 품에서 떨어져 나간 어린 개체는 그 즉시 타깃이 된다. 이것이 정글의 법칙이라면 약육강식은 자연의 법칙이다. 강자만이 살아남는 세계다.

여기 또 다른 세계가 있다. 옆자리 그 사람은 동료가 아니라 경쟁자다. 언젠가는 밟고 올라서야 할 적이다. 잠시 멈춰서 숨 돌릴 기회조차 사치다. 살아남기 위해서는 자신을 드러내선 안 된다. 엄폐하라. 약자를 돌보며 함께 갈 여유 따위는 없다. 강자가 살아남을 뿐이다. 효용이 떨어지면 가차 없이 내치고 목표를 향해 진군할 뿐이다.

가만, 어디서 많이 본 모습인데? 노골적인 약육강식이 게임의 법칙이라면 아프리카 초원과 인간의 사무실은 어떤 차이가 있을까? 대뇌변연계만이 생존을 위해 성마르게 작동하는 마당에 자아니 인간성이니 배려니 그런 말랑말랑한 것들이 설자리는 있을까?

글쎄, 생존에 대한 두려움이 먼저 엄습한다. 현실이 이런데 나 자신을 찾고 타인의 감정에도 들어가 보라고? 햐, 이거, 뭔가 잘못되어도 한참 잘못되었다. 어쩌면 우리는 이런 환경을 인위적으로 만들어 스스로를 그곳에 몰아넣고는 무조건 강해져야 살아남을 수 있다고 강요하고 또 강요당해 왔는지도 모른다. 그 결과 피도 눈물도 없는 우.주.쏘.패들이 판치는 그들만의 세렌디피티가 곳곳에 펼쳐졌을지도 모른다.

이런 상태로는 더 이상 버티기 힘들다. 우리는 감정과 양심을 가진 인간이지 사바나 초원의 동물이 아니잖은가. 마침 세계는 이전과는 비교도 안 될 속도로 빠르게 변하고 있다. 디지털 기술이 급격히 발달하고 온 세상을 뒤엎은 팬데믹이 더해져 그야말로 신세계물론 부정적, 긍정적인 면을 모두 포괄해서다를 경험하고 있다.

혼돈은 위기이기도 하지만 기회이기도 하다. 불행 중 다행인 것은 변화의 물결에서 오히려 선명해지는 가치가 있다는 사실이다. 바로 인간에 대한 이해다. 그 이전의 작동 방식으로는 도태되고 말 것이라는 위기의식과 공감대도 확산일로다.

감성지능EQ을 연구한 대니얼 골먼은 감성지능이야 말로 모든 지능의 우두머리라고 힘주어 말한다. 무자비한 사냥꾼들이 승승장구하던 정글의 시대는 이미 끝났다고도 말한다. 그 결과 '지능지수IQ와 이성적인 경영 능력으로 CEO에 오른 경영자들은 감성지능 부족으로 해고당한다'고 경고한다.

다중지능을 연구한 하워드 가드너Howard Gardner 역시 자신의 저서 《다중지능》에서 '개인은 자아감을 통해 개인과 개인을 연결시키고 내면의 요소들을 서로 결합시킨다'고 말했다. '실제로 자아감은 모든 개인이 자신을 위해 창조해내는 가장 경이로운 인간의 '발명품' 중 하나'라고도 예찬한다. 미래학자들 또한 코로나 이후의 시대는 '오히려' 인간성 획득의 시대가 될 것이라는 전망을 앞 다투어 내놓았다. 기술이 발전하고 자동화가 AI가 로봇이 인간을 대체할 것이라는 공포는 그야말로 억측이며 오히려 사람의 마음을 읽고 그들의 니즈와 욕구를 포착해내는 능력이 핵심인 본격 인간의 시대가 도래할 것이라 주장한다. 그런 미래에 사바나 정글 같은 환경을 일부러 만들어 함께 일하는 동료를 짓밟고 착취하려는 기존 기업의 야만성은 다만 도태될 따름이다.

끝 그림은 명확하다. 변화는 잃어버린 인간을 되찾으라고 명령한다. 서둘러 '나'라는 존재의 본질을 찾고 보다 선명해진 자기인식을 바탕으로 타인을 들여다보라고 말이다. 그러려면 잠시 손을 내밀어 pause를 누르고 멈춰 서서 나를 찾는 연습과 타인을 보는 연습을 병행해야 한다.

이미 늦었는지도 모르겠다. 무엇보다 중요한 것은 '그래야 살아남을 수 있기 때문'의 조건부가 아니라 응당 그래야 하기 때문이다. '우리는 양심이 있고 감정이 살아 있는 인간 그 자체'이기 때문이다. 관계는 인간을 되찾는 일로부터 시작되고 인간성을 상실한 그 모든 것들과 철저히 작별함으로써 새롭게 도모할 수 있다.

비로소, 나는 당신이 보인다. I see you.

내가 찾지 말고 나를 찾게 하라

'아싸.' 그래, 나는 아웃사이더였다. 자기합리화일망정 인사이더, 그러니까 '인싸'가 되어보고 싶은 생각은 별로 없었다. 고로 특별히 공을 들여 어떤 관계를 만들거나 유지하기 위해 용 써본 기억도 거의 없다. 굳이 덧붙이자면 '자발적' 아싸인 셈이다.

인간관계를 점과 점의 연결선으로 표현한 그림을 본 적이 있다. 하나의 점을 한 명의 사람으로 본다면 관계는 또 다른 점과의 연결에 대한 이야기가 된다. 마치 광역 철도망의 허브처럼 특정 지점에는 수많은 점들이 몰려 거미줄처럼 연결되어 있는 데 비해 또 어떤 점은 홀로 동떨어져 상호작용 없이 가느다란 출발선과 도착선만을 그리고 있다. 흔히 말하는 인간의 '인싸'와 '아싸'를 그림으로 그린다면 그런 모습일지도 모르겠다.

이왕 '아싸'로 살기로 한 거 그렇게 사는 데 별 지장이 없다면 축복받은 거다. 개인적으로 관계에서 오는 스트레스는 최소화할 수 있기 때문이다. 다만 끈끈한 관계, 인싸가 주는 조직, 사회의 혜택을 포기할 수 있다면 말이다.

회사에 다닌다면 높은 확률로 관계, 네트워킹 만들기를 요구받는다. 어쩌면 이것을 만들고 유지하는 능력이 직장 생활의 핵심일지도 모른다. 이미 알고 있지 않은가? 일단 그 안에 들어왔다면 개인의 능력은 다 고만고만하고 어떤 실세의 줄을 붙잡느냐에 따라 인생이 바뀐다는 사실을.

직장에서의 관계, 네트워킹은 의도적인 노림수에 더 가깝다. 사람 자체의 인격이나 됨됨이 또는 요즘 말로 '인싸력'도 중요하지만 뭐라도 엮어서 연결고리를 만드는 일이 사실상 핵심이다. 여기에서 온갖 '연'들이 총동원된다. 학연, 지연, 혈연, 심지어 흡연까지도 말이다. 그래서 사내 '정치'는 온갖 연들의 집합체이기도 하다.

줄 한번 잘 타면 일을 특별히 잘하거나 능력이 뛰어나지 않아도 생존 확률은 높아진다. 특히 학연의 힘은 굉장한데 지속적으로 무능력하거나 성과를 보여주지 못해도 좋은 학벌 하나로 꿋꿋이 버티는 사람들이 부지기수다. 개인의 성과라는 것이 조직 전체의 그것에 묻히는 경향을 감안하면 성과를 잘 내는 개인이란 허상에 가깝다. 좀처럼 개인이 능력을 증명해낼 기회가 없는 것이다.

그런 연유로 일을 잘하거나 헌신적이거나 인간성이 뛰어나거나 리더십이 좋거나 따위 본질적 속성보다는 누구와 관계를 잘 텄느냐, 누구와 동문이냐, 누구와 같은 지역 출신이냐에 따라 꽃길을 걷느냐, 지옥 길을 걷느냐 운명이 갈리는 경우가 허다하다.

누구라도 손을 들고 "우린 그렇지 않아요"라고 자신 있게 말할 수 있을까? '이왕이면 다홍치마' '팔은 안으로 굽는다' 같은 속담이 증명해주지 않는가? 사람의 본성 자체가 그렇다. 그렇게 태어났기에 그렇다. 나라도 같은 값이면 나와 연관성이 있는, 그러니까 학연이나 혈연이나 그런 연들이 있는 사람에게 눈길 한 번이라도 더 가게 마련이다.

문제는 같은 값이 아닌데도 그런 연들이 작용하는 경우다. 정치, 끈 따위로 만들어진 무자격 인싸의 문제 말이다. 드라마 〈미생〉의 오 차장은 한동안 롤 모델에 가까웠다. 승진, 성공, 사내 정치, 줄 대기 따위에는 관심도 없고 오직 자기 내부로부터의 열정에 끌려 일만 찾아다니는 자유로운 영혼. 부하직원과 타인을 위해 자신을 기꺼이 희생할 줄 아는 대인배.

'그런 사람이 현실에 어디 있느냐? 판타지다'라며 비판도 많지만 나는 그 안에서 스스로를 끝없이 움직이게 만드는 한 가닥 동력을 발견한다. 아슬아슬하지만, 편안한 삶이 보장되지도 않지만, 외부의 손 없이도 얼마든지 홀로설 수 있다는 자존심, 자존감. 그리고 자유의 멋스러움 말이다.

끈과 정치를 좇기로 했다면 먼저 해야 할 일은 새벽마다 정안수를 떠놓고 천지신명께 비는 일이다. 결국은 운의 놀음이기 때문이다. 물론 정치를 잘하는 능력, 아부의 기술, 마음의 거리를 좁히는 스킬 따위를 연마할 수도 있겠지만 그 영역이야 말로 끈을 내리는 사람의 취향 영역 아닌가? 결국 운이다.

운 좋게 누군가의 눈에 들어 승승장구할 수도 있지만 행여 끈이라도 떨어지면 어떻게 될까? 생각보다 문제는 커진다. 서둘러 다른 연으로 갈아타지 못한다면 낭패다. 실력으로 승부하겠다는 각오는 애저녁에 날려버린지라 성장이 멈춘 지 오래다. 오직 하늘에 매달린 끈만 쳐다보느라 정작 스스로의 내면은 텅텅 빈 데다 초라할 따름이다.

늘 외부로부터 뒷받침을 받거나 어디에선가 내려온 끈을 타고 벽을 넘었기에 능력, 역량이라는 키는 어느새 멈춰버렸다. 자신에 대해 성찰하고 돌아볼 기회도 없었으니 타인에 대한 감정이입은 말할 것도 없다. 퇴화되어 이미 형체도 없이 사라졌을지 모른다. 끈 떨어진 상황에 마주하게 될 장벽은 너무나 거대해서 성장이 멈춰버린 스스로의 힘만으로는 넘을 엄두조차 못 낸다. 또 다른 끈이나 도약대를 찾아 기웃거리지만 이미 평판이 자자하다. 끈만 좇는 인간. 이런 사람들이 즐비하다면 그 조직이 가진 실력의 총합은 보나마다. 그런 삶은 구리다. 칙칙하다.

자유롭게 살아갈 방법은 하나다. '자발적' 아싸가 되기로 결정하는 거다. 끈과 줄을 찾아 헤매던 시간과 노력을 자신에게로 되돌리는 일이다. 어차피 떨어질 끈, 뒤도 돌아보지 않는다. 가진 모든 자원을 쏟아 부을 대상은 다름 아닌 나다. 그 어떤 도움 없이도 홀로 일어서 거대한 장벽을 넘을 수 있는 진정한 거인이 되는 일. 그 결과 누가 봐도 인정할 수밖에 없는 실력자가 되었다면 오히려 관계를 이끌 수 있게 된다. 굳이 내가 찾지 않는데도 나를 찾는 반전이 일어나는 셈이다.

거품뿐인, 허울뿐인, 오직 여기에서만 먹힐 뿐인 허약한 관계를 위해 목숨 걸지 말자. 애초에 자신에게로 모든 초점을 돌려 내 강점을 찾아 강화하고 약점을 찾아 완화하는 데 전념하면 그뿐이다. 그렇게 단단해진 나를 향해 타인들이 찾아오게 만드는 일이다. 꽃에 나비가 찾아들 듯.

조건 없이 건네라. 거덜 안 난다

누군가 '관계를 한마디로 정리해 봐라' 한다면 'Give and Take' 라고 답하겠다. 그 유명한 애덤 그랜트Adam Grant는 자신의 저서 《기브 앤 테이크》에서 조직에는 아무런 조건 없이 그저 주기만 하는 Giver기버, 받기만 할 줄 아는 Taker테이커, 1을 받으면 1을 주는 Matcher매처라는 세 부류가 존재한다고 했다. 직장 내 관계도 결국 'Give and Take'가 아니냐? 요약한 셈이다. 그가 굳이 언급을 안 했더라도 우리는 그 사실을 이미 알고 있다. 주고받는 것이 관계의 기본이라는 사실을.

1을 받으면 1을 주는 것은 기본 중의 기본이다. 일종의 디폴트 값 같은 거다. 그런데 그 값을 벗어나면 해석의 여지가 생긴다. 아무것도 받지 않았는데도 10을 주는 사람도 있고, 아무것도 주지 않았는데도 10을 원하는 사람도 있다. 세상이 디폴트값만으로 움직인다면 너무나 뻔하고 재미없겠지만 이런 사람들이 존재하기에 예측불허의 다양성을 띠는 것 아니겠는가?

이는 단순히 물질적인 것에 국한되지 않고 사람 간 주고받는 모든 일에 해당한다. 시간이든 감정이든 정보든 대화든 내가 가지고 있고 또 줄 수 있는 것이 뭐가 있을까를 생각해보는 일이다. 나는 그 무언가를 주는 사람인가? 오직 받는 사람인가? 혹은 주는 만큼 받는 사람일까? 그 질문에 대해 곰곰이 생각해보는 것만으로도 어쩌면 관계에 대한 힌트를 얻을지 모른다. 일반적으로 사회, 직장에서의 관계는 철저히 필요에 의해서 만들어진다. 필요에 의해 사람들이 모였고 필요에 의해 의사소통을 하고 필요에 의해 일을 하기에 자신이 가지고 있는 것들을 타인과 주고받으며 관계를 만들어간다.

상하 간, 동료 간, 심지어 남녀 간 관계까지 다양한 사람들이 특별한 배경의 연관성 없이 무작위로 모여 있다 보니 다양한 일들이 일어나지만 적어도 관계에 있어서 일정한 패턴을 관찰하는 일은 그리 어렵지 않다.

A사원은 짠순이로 소문났다. 수없이 밥을 얻어먹고도 커피 한 잔 사는 법이 없다. 막내급 사원이라고는 하지만 정도가 심했다. 1년, 2년, 3년이 지나도록 그런 일이 일상화되자 슬슬 말이 돌기

시작한다. 개인 SNS에는 해외여행, 면세점에서 산 명품백 등 사진이 즐비하다. 결정타는 결혼을 하게 된 A사원이 청첩장을 '입으로만' 돌리면서 결혼 자금으로 1억을모았다며 자랑하던 순간이었다. '이야, 지독하게 아끼더니 대단하네.'

B대리는 같은 팀원들에게조차 직접 수집한 정보를 공유하지 않는다. 그렇지만 자신의 일을 위해 협조를 요청할 때는 거침없고 집요하다. 보고서는 물론 백 데이터를 포함해 모든 자료를 요구한다. 협조가 성에 차지 않으면 해당 팀장은 물론 임원 CC참조를 넣어 종용하는 일에도 거침없다. 이런 업무 태도를 겪은 주변 사람들은 몸서리를 치지만 정작 본인은 태평하다.

C과장은 자신의 업무 중 손이 많이 가는 일을 부하직원들에게 떠넘기기로 악명이 높다. 경영진 앞에서 결과 보고를 하는 돋보이는 일에만 관심이 있을 뿐이다. 심지어 한 달간의 휴직을 앞두고 빽빽한 체크리스트를 작성해 자리를 비우는 동안 해야 할 일을 건네고는 '우리 ㅇㅇ 씨는 정말 진국이야. 싫은 내색 하나 없이 묵묵히 일을 한다니까'라는 립 서비스와 함께 거한 밥으로 퉁 치지만 뒤에서 나도는 부하직원들의 살벌한 뒷담화를 듣지 못할 뿐이다.

가진 것을 잘 내어주지 않는 사람들은 결국 좋지 못한 평판을 받게 된다. 그들은 왜 손에 든 것을 놓지 못할까? 모든 관계는 자신으로부터 시작한다는 사실을 포함해서 타인에 대한 행동에 어떤 문제가 있는지 잘 모르기 때문이다. 또는 알면서도 제 이득만을 위해 타인의 감정이나 생각 따위는 무시하기 때문이다.

그런데 후자라면 어쩐지 기시감이 있다. 자신의 이득을 위해 상대의 감정이나 생각 따위 고려하지 않는 그들, 오히려 어떻게 하면 이용하고 무언가를 뽑아낼 수 있을까?를 전략으로 여기는 그들, 우.주.쏘.패 말이다. 필요에 의해 학습된 친절가식의 가면을 쓰고로 관계를 만들어가기도 하지만 그런 관계는 얼마 못 가 정체를 드러내고 만다. 자신의 진정성으로부터 시작되지 않는 관계는 결국 무너지고야 만다. 어쩌면 주고 싶어도 줄 수 있는 것이 없기 때문인지도 모르겠다. 자신이 가진 것이 무엇인지도 모르는 사람이 자신의 곳간을 열 수는 없는 노릇 아닌가?

어쩌면 상식을 한참 벗어나 받기에만 특화된 Taker들의 다수가 그들에 속하는지도 모르겠다.

그렇지 않다면 얼마든지 개선할 방법은 있다. 멈춰 서서 진지하게 자기 자신을 들여다보는 일이다. 나는 기버인가, 매처인가, 테이커인가. 주고받는 관계에 있어서 나는 어느 쪽에 가까운가? 그 질문에 답을 찾았다면 나의 생각과 행동이 타인에게 어떤 영향을 미쳤을지 진지하게 생각해봐야 한다.

단지 씀씀이의 문제가 아니라 일에 대한 태도도 그렇다. 자신이 가진 것이 빈약할수록 손에 쥔 것을 놓지 않으려고 안간힘을 쓴다. 자신이 뭘 가졌는지 도무지 알 수 없을 때, 그리고 그 중요성이나 가치를 판단하기 어려울 때 주기보다 받기에만 신경 쓴다. 심지어 손에 쥔 것조차도 별 게 아닌 경우가 다반사다.

오히려 업무에 대한 탁월한 역량, 인간적 매력을 가진 사람들이 자신의 모든 것을 거리낌 없이 오픈한다. 쉴 새 없이 흐르는 시냇물처럼 늘 새로운 방향으로 나아가기에 과거 그리고 현재에 가진 것에 대해서는 별다른 미련이 없다. 누군가에게 도움이 된다면 기꺼이 전해주고 새로움을 찾아 나선다.

아낌없이 퍼주는 Giver의 열린 성향, 거기에 뛰어난 역량과 인간적 매력이 더해진다면 각각의 요소들은 상호작용하며 더 빛이 나게 마련이다. 물론 세상이 그리 호락호락하진 않다. 끝내 이용만 당하고 호구 취급 받는 Giver들도 셀 수 없다. 다만 성공 사다리의 가장 꼭대기를 차지하는 부류도 Giver임을 잊지 말라고 애덤 그랜트는 당부한다. 벌이 꽃을 찾아 날아오듯, 그저 실력과 인간적 매력으로 가득 찬 자신의 내면을 활짝 열어놓은 채 기다리면 된다. 어떤 종류의 관계 건 정답이 있다면 '끝없이 자기 자신을 돌아보는 일' 그뿐이다.

우.주.쏘.패 테이커는 예외다. 만난다면 서둘러 달아나라.

먼저, 마음을 열고 심장파를 연결하라

사람의 감정 상태를 실은 정보는 심장 전자파를 통해 몸 밖으로 전달된다. 이때 가령 두려움과 분노 같은 부정적 감정은 불규칙한 형태의 심장파로 실려 나간다. 그러나 사랑이나 감사의 감정 같은 긍정의 상태는 부드럽고 규칙적인 형태의 심장파로 나간다.* 뇌파를 연상케 하는 심장파가 존재하고 심지어 사람의 감정을 이런저런 경로로 실어 나른다는 과학적 사실은 작은 충격과 함께 깨달음을 줬다. 마음이 보인다. 마음이 전달된다. 이런 표현이 그저 메타포가 아니라 과학적 사실에 기반한 진리였다는 반증 아닌가?

....

* 디지털타임즈, 심장도 기억능력이 있다. 2015. 04.

기업에서 사람과 관련한 일을 맡으면서 풀지 못했던 의문이 조금 풀렸다. 왜 공들여 준비한 사내 교육이나 변화 관련 워크숍 등이 이토록 효과가 없었는지에 대한 답이 아닐까? 싶었다.

육성팀은 현업 중간 리더 후보자 30여 명을 대상으로 '서비스 리더 육성 과정 2기'를 출범시켰다. 1년 6개월이라는 짧지 않은 기간을 함께하는 중장기 프로그램으로 1기 때의 시행착오를 거쳐 제대로 된 리더 육성의 장으로 만들겠다는 각오가 컸다. 가장 신경을 쓴 일은 대상자를 '어떻게 선별하느냐?'였다. 이전의 경험을 돌이켜 보면 팀에 남아도는 유휴 인력이나 당장 자리를 비워도 큰 손실이 없는 사람들을 추천해주기 일쑤였으니까.

처음부터 제대로 뽑고 이 그룹에 선발된다는 사실만으로도 자부심을 느끼게 만들고 싶었다. 그 동안의 시행착오를 통해 그 일이 얼마나 힘든 것인지 알았기에 선별 과정은 한 달 이상 심혈을 기울였다.

현장 근무 경력 8~10년 사이, 중간관리자 직책을 받기 직전의 고참 junior들이 그 대상으로 3차례의 screening과정현장 추천 → 육성팀 심사 → 해당 부서 팀장, 임원 선발과 대상자 본인의 참여 의지10점 만점 중 8 이상를 모두 확인했다. 행여 손사래를 치면 어쩌나 하는 걱정과는 다르게 대상자 전원이 강한 참여 의지를 보여주면서 30명의 최종 인원이 수월하게 확정됐다.

'바쁜데 부담스럽게' '그거 한다고 뭐가 바뀌나요?' 같은 반응이 압도적이었던 지난 과정들을 돌이켜 보면 고개를 갸우뚱할 정도였다. 자발적 참여 의지가 그렇게 높았으니 그 다음부터는 순풍에 돛단 듯 수월했을까? 그렇다면 좋겠지만 세상일이 어디 그리 만만하던가?

문제는 본인의 의지가 아니라 주변의 불편한 시선과 비협조적인 분위기였다. 그렇잖아도 바쁜 와중에 교육을 핑계로 매월 자리를 비우는데다 가외로 떨어지는 과제를 못마땅해 하는 시선이 있었다. 그 이면에는 온갖 헛발질 이른바 '삽질'만 해온 일명 '펜대'들, back office사무직에 대한 불신이 자리 잡고 있었다.

육성팀이라고 해서 그 '펜대'들에서 크게 벗어나진 않았던 모양이다. 다행스럽게도 나는 그 지점을 명확히 알고 있었다. 우선 관계를 만들기로 했다. 서로 척진 사이는 아니지만 부정적 인식이 있는 사람들 간의 관계에서 긍정적 결과물이 나올 확률은 얼마나 될까? 글쎄 오리무중이다.

계획 단계부터 전체 1년 6개월의 과정 중 1/3을 관계 만들기에 집중했다. 왜 이 과정이 필요한지, 왜 여기 당신들이 여기에 뽑혔는지, 그 역할이 왜 중요한지 그리고 우리는 당신들에게 어떤 도움을 줄 수 있는 존재인지 등등 마음껏 터놓고 이야기할 수 있는 기회를 의도적으로 만들었다. 그 과정에서 회사와 일부 엉터리 리더들에 대한 신랄한 비판들이 오가기도 하면서 자연스럽게 연결고리가 생겼다. 그 중심에는 현장에서의 고충과 지친 마음을 공감해주는 교감이 있었다.

'무엇을 알려주고 배우게 할 것인가'의 문제는 그 다음 문제라고 생각했다. 성장에 대한 고민과 방법론, 리더십, 소통, 창의성, 팀십 등 실제 contents는 그 이후 남은 1년의 지점에 모두 몰아놓았다.

그렇게 6개월여가 지난 시점부터 참석자들은 마음을 열고 과정에 몰입하기 시작했다. 참석자들은 매월 1회 참석하는 과정을 더 이상 부담스러워하지 않았고 소속 부서 리더와 동료들의 눈총도 거뜬히 이겨낼 각오를 다졌다. '펜대'와 '현장 사람들'이 아닌 형, 동생, 언니, 누나가 되어 서로를 끈끈하게 생각하기 시작했다. 육성팀이 준비해 놓은 난이도 있는 과정들도 생각보다 수월하게 완수해내며 과정에 탄력이 붙었다.

어느새 1년 6개월이 훌쩍 지나고 과정이 종료되는 마지막 세션, 그간의 결과물을 프리젠테이션 형태로 대표, 임원, 팀장, 리더들 앞에서 공유하는 최후의 프로젝트를 끝마치고 진행 팀과 참가자 모두는 서로를 부둥켜안고 '마지막'을 아쉬워했다.

모두가 100% 마음을 열었다고는 생각하지 않는다. 우리의 생각과는 다르게 여전한 반감 속에서 흉내만 냈던 멤버도 존재했을 것이다. 그렇지만 1년 6개월이라는 물리적 시간은 '우리와 그들'의 벽을 어느 정도 허물어준 시간이었음에 틀림없다. 앞선 6개월의 관계 개선 노력에서 서로의 진정성과 연결고리를 만들지 못했다면 그 시간은 아무런 의미도 없이 형식적인 과정으로 끝나버렸을 것이다. 단순 과정 운영자와 참가자 사이가 아닌, '우리'가 될 수 있었던 데는 물리적 시간뿐 아니라 서로의 입장에 귀를 기울이는 진정성이 절대적이었다.

이제와 고백하지만 최초 기획안에는 이들을 '회사에 우호적인 집단으로 만든다'라는 다소 순수하지 못한 목표도 있었다. 그런데 웬걸, 마음을 열고 연결고리를 만드니 지질한 작전 따위 없이도 자연스레 교감하게 됐다. 인위적으로 될 일인가? 어디?

시각과 청각 장애를 가진 일곱 살짜리 아이를 가르쳐야 하는 교사는 그녀의 가족에게 보내는 편지에 이렇게 썼다. '내가 해결해야 하는 가장 큰 문제는 그 아이의 정신을 깨뜨리지 않고 훈련시키고 통제하는 것이다. 그녀의 사랑을 얻는 것이 먼저니까.' 하워드 가드너의 책 《다중지능》에 소개된 헬렌 켈러와 앤 설리번의 일화다.

두드려라, 그러면 열릴 것이다. 열리면 연결될 수 있다. 그게 먼저다.

충고하지 말라는 충고

'남에게 충고를 하지 말라'고 누군가 말했다면 이 말은 충고일까? 충고다. 충고를 하지 말라면서 충고를 하고 있는 격이다. 자기모순이다. 미디어에도 자주 등장하는 모 철학자가 몇 년 전 본인의 강연에서 한 '충고'다. 말의 취지는 바람직하다. 자신의 의지, 주체력, 내부로부터 나오는 자발적 원동력으로 생각하고 행동하라는 메시지였는데 문장 자체가 이미 자가당착에 빠졌다. 남에게 충고하지 말라면서 본인은 왜 충고하는가? 급기야 '자신은 절대로 남에게 충고하지 않는 사람'이라며 몇 차례 강조한 뒤 일화를 소개했다.

예술가인 지인이 60세가 넘은 나이에도 배우는 즐거움에 푹 빠져 있다는 말을 듣고는 "선생님은 앞으로도 창의적이 되기 어렵겠습니다. 지금 이 나이에 배우는 재미가 그렇게 좋다니, 이제 그만 배우세요, 지금은 자기를 표현하세요"라고 했다는 것이다. 이 사례는 남에 대한 충고인가, 아닌가? 이 역시 '배우는 것이 물론 아름다운 일이지만 습관이 되면 자기표현에 장애가 된다'는 좋은 취지의 메시지였지만 명백히 충고다. 자신은 그런 사람이 아니라고 했는데, 자가당착이다.

고작 한 시간 가량의 강연에서도 드러나는 확연한 모순을 끝내 인지하지 못했다면 문제는 더 크다. 타인에게 영향을 끼치고 대중을 향해 강연을 하는 사람의 자기인식에 커다란 구멍이 있을 가능성 때문이다.

유명 철학자라는 이름값에 혹한 친절한 학생이라면 문장 자체의 모순보다는 '원래의 메시지가 중한 것 아니냐'고 항변할 수도 있겠다. 그러나 사람의 말이라는 것이 '아' 다르고 '어' 다르지 않던가? 차라리 원래의 취지대로 자신의 내적 동력에 집중하고 그 힘에 의해 행동하고 사고하라고 했다면 타인을 향한 메시지로 순수했을 것이다. 그런데 자신은 절대로 충고를 하지 않는 사람이라고 먼저 자기 자신을 내세웠다. 그러고는 불과 몇 분도 지나지 않아 타인에게 이러쿵저러쿵 충고를 했다고 고백한 셈이니 자승자박한 꼴이다.

우리는 왜 충고를 할까? 상대방이 나보다 못하다고 생각하거나 부족하다고 여기기 때문은 아닐까? 자기 자신의 성취나 자리에 취해 스스로를 돌아보는 자기성찰이 부족해졌기 때문은 아닐까? 이 시대의 지성이니 석학이니 하는 허망한 꾸밈의 말들이 스스로를 돋보이게 만들고 싶었던 것은 아니었을까? 겉으론 충고가 상대의 능동성과 자기 결정성을 저해하는 '오지랖성 참견'이라고는 알고 있지만 마음속 깊은 곳에서는 지식인입네 하는 일종의 우월감 같은 것이 작동한 것은 아닐까?

몇 년도 더 된 강연에서 포착한 철학자의 자기모순을 굳이 소환한 이유는 그 강연을 계기로 개인적인 관점 전환을 경험했기 때문이다그러면 그걸로 됐지 웬 시비냐, 라고 할 수도 있겠다. 그 강연 한 번으로 인생에 대한 태도를 긍정적, 능동적으로 바꾸고 어느 한 쪽에 침잠하여 고정되지 않겠다는 다짐을 하게 되었다면 지나친 과장일지도 모르겠다. 당시에는 어찌나 감명 깊었던지 지인 몇에게 꼭 챙겨서 보라며 적극 추천하기도 했으니 말이다.

그런데 강연을 10번 이상 반복해보면서 '충고하지 말라는 충고'의 모순을 발견한 이후 무한한 존경심에 작은 균열이 생기기 시작했다. '어라, 저건 뭘까? 단순한 말실수일까? 그저 표현 선택의 문제였을까?'

시간이 또 흘러 비교적 최근 그를 목격한 것은 어느 일간지 인터뷰에서였다. 시대를 걱정하는 석학의 메시지라는 명분으로 '어느 한 곳에 천착하지 말고 경계를 품으라'는 신념과는 어쩐지 거리가 먼 모습을 하고 있었다. 인터뷰 내용의 진위야 무엇이든 '경계를 품지 않은 정치적 충고'로 보였다면 오해일까?

이름난 학자조차 이렇듯 자기인식에 빈틈이 있다. 하물며 평범한 우리는 얼마나 수많은 모순을 이야기하고 있을까? 관계를 제대로 만들고 개선하려면 스스로 완벽할 수 없다는 취약성을 인정해야 한다. 높은 지위, 이름값, 돈, 권력을 가졌다고 그 사람이 100% 정답일 수 없다. 아 다르고 어 다르다는 사실을 알면 함부로 말을 하거나 단정 짓기도 어렵다. 그 누구의 가르침처럼 언제나 경계를 품어야 한다. 그런데 그 사실을 인정하는 일은 정말이지 쉽지 않다.

겉으로만 '익은 벼는 고개를 숙인다'라며 겸손을 가장할 일이 아니다. 언제든 틀릴 수도 있다는 사실을 알고 오류를 발견하면 누구든 지적을 해달라는 도움을 청하는 일만으로도 자기모순과 자가당착을 어느 정도 피할 수 있다.

높은 곳에 올라서면 보이는 것이 다르다고 했다. 사람은 누구나 취약성을 가진다는 인식은 어느새 사라지고 결과론에 매몰된 성취에 취하기 십상이다. 한두 번의 실수를 넘어 그런 일이 반복된다면 존경이나 믿음, 신뢰를 바탕에 둔 관계에 균열이 생기고 자칫 붕괴로 이어질지 모를 일이다.

우리는 표리부동한 존재다. '의도했느냐? 의도하지 않았느냐?'를 떠나 자가당착에 생각보다 자주 빠진다는 사실을 잊지 않길 바랄 뿐이다.

소통이 호환마마를 만났을 때

'직장인인 당신, 소통은 괜찮나요?'이 질문에 선뜻 '네'라고 할 만한 사람은 얼마나 될까? 소통도 결국 관계다. 누군가와 소통이 원활하지 않다면 관계가 괜찮지 않다는 증거다.

소통이란 뭘까? 하도 자주 들어서 잘 알고 있는 것 같긴 한데 막상 뭔지 정의해 보라면 '음~' 한다. 수평적 소통이니 수직적 소통이니 더 들어가기도 전에 소통이 당최 뭐였는지조차 딱히 정의해 본 적이 없다. 그저 나와 관계있는 사람과 이야기가 잘 통하는 것 그 정도면 될까? 그렇다면 이야기가 잘 통한다는 것은 또 뭘까?

아무래도 소통이 무엇인지부터 정확히 정의를 내리고 시작해야겠다. 우리 국어사전에서는 이렇게 정의한다. '막히지 아니하고 잘 통함. 뜻이 서로 통하여 오해가 없음.' 쉽고 명쾌하다. 내가 아는 개념과도 크게 다르지 않은 것 같다. 두 가지 명확한 포인트가 눈에 띈다. '막히지 않다'와 '오해가 없다'. 그런데 왜 선뜻 두 가지를 동시에 선명하게 머릿속에 떠올리지 못했을까? 너무 뻔해서? 혹은 당연해서?

이렇게 누구나 다 아는 소통, 그 일에 왜 이리 어려움을 겪었을까? 말 주변이 없다거나 내성적이라거나 개인마다 편차는 있겠지만 직장에서의 소통 문제라면 단연 '두려움' 때문이다. 말을 하는 일 자체의 두려움. 말을 하기 전에 먼저 생각한다. '이 말을 해도 괜찮을까?' 말을 하고 나서 걱정한다. '혹시, 불이익을 받지 않을까?' 비단 직장에서만이 아니다. 우리는 자라면서 수도 없이 그런 말을 들어왔다. 말을 아껴라, 감정을 드러내지 마라, 어른 앞에서 버르장머리 없이… 따위, 표현에 대한 부정적 시그널들 말이다.

말하는 일에 대해, 자신의 감정을 표현하는 일에 대해 사회 전체가 나서서 지속적이고도 조직적인 두려움을 주입해온 셈이다. 결국 자신을 드러내지 않고 감추는 데 익숙해졌다.

그런데 자신을 드러내지 않고 어떻게 건강한 관계를 만들 수 있을까? 그저 순응하고 대세에 따르고 눈치 보는 일을 통해 만들 수 있는 관계의 정체란 어떤 모습일까? 특히나 요즘처럼 환경이 급격히 바뀌고 기술이 진일보하여 자신만의 창의성을 요구하는 세상에서 무조건적인 순응과 침묵을 통해 얻을 수 있는 가치란 과연 무엇일까?

요즘 세대는 달라졌다고들 한다. 자신을 드러내는 데 익숙하고 반론도 서슴지 않는다. 개성을 추구하고 트렌드 변화에 민감하다고들 한다. 그런데 정말일까? 어느 세대나 자신들끼리의 또래 집단에서는 소통이 활발하다. 심지어 꼰대의 대명사로 불리는 전후 세대, 베이비붐 세대들조차 자기들끼리 어울리면 이 새끼, 저 새끼 하며 과거로 돌아가 어린애가 된다.

요즘 세대가 달라진 게 아니라 원래 또래 집단에서는 그렇다. 이들이 거대한 조직, 예컨대 회사라는 조직에 들어오면 순식간에 기존 질서에 동화되어버리기 일쑤다. 통통 튀는 개인이 역사와 전통을 가진 집단을 이겨내기란 여간해선 쉽지 않다.

'바이킹 인재'가 있었다. 모 대기업에서 바이킹처럼 도전정신을 가진 인재를 뽑겠다며 호기롭게 블라인드 채용을 진행해 언론에도 이슈가 됐다. 분명 의미 있는 시도였고 그렇게 뽑힌 바이킹들은 화려하게 조직에 입성했다. 그 후 그들은 어떻게 됐을까? 관계자에 듣자니 절반은 입사 1년도 못 되어 조직을 떠났고 나머지는 기존 문화에 동화되어 그 흔적도 찾기 어렵게 됐다고 푸념했다. 어쩌면 예정된 수순이었는지도 모른다. 초현대식 시설을 갖춘 오늘날의 부두에 바이킹 옷을 입은 몇이 나타나 나무 배를 타고 다닌다면 구경거리밖에 더 되겠는가? 아니면 미친 사람 취급을 받거나.

이런 상황에 제 아무리 수평적 소통, 활발한 커뮤니케이션을 외쳐봐야 공염불이다. 진짜 원인은 언덕 너머에 두고 변죽만 울리는 꼴이다.

두려움은 별 것 아닌 것으로부터 생긴다. 어렵게 말문을 열었더니 '그런 걸 아이디어라고 내느냐?'며 면박을 준다. 대안을 제시했더니 '그럼 네가 해보라'며 책임을 지운다. 한두 마디만 듣고는 '무슨 말인지 알겠는데'뚝 끊고서 제 의견으로 나머지를 채운다.

무심코 리더가 보이는 행동, 말 한마디가 그 자리의 모든 사람에게 두려움을 심어준다. 면박을 당한 창피함, 일을 덤터기 썼다는 부담감, '어차피 듣지도 않을 거 뭐 하러 이야기하나?'하는 체념 따위다. 무심코 던진 돌들이 켜켜이 쌓여 만들어진 거대한 장벽 앞에서 소통이라니, 게다가 수평적이라니?

말을 꺼내기에 앞서 '이런 말을 해도 안전할까?'말을 하고 나서 '혹 보복이나 불이익을 당하지 않을까?'이런 생각들이 가득하다면 소통은 이미 먼 나라 이야기다.

우리 의욕을 떨어뜨리는 두 가지, 실패에 대한 두려움, 거절에 대한 두려움. 이걸 없애려면 경영자, 리더가 업무 환경에 대해 안전하게 느낄 수 있도록 '무조건적인 수용'을 발휘해야 한다.

– 《동기부여 불변의 법칙》, 브라이언 트레이시 Brian Tracy

소통을 원한다면 제발 그 입을 다물라. 고요를 견디지 못해 말 포문을 먼저 열지 말고 인내심을 증명하라. '무슨 저런 뚱딴지같은 소리가 다 있어?'부글부글 끓더라도 그냥 들어라. 듣다보면 누군가 나서서 끊는다. 리더라면 잠시 딴 생각을 하더라도 '갈 데 없는 헛소리'일망정 듣고 넘겨라. 겉으로는 용인하는 척하면서 평가로 보복하는 행위 따위는 제발 관둬라.

오히려 아무런 의견 없이 모든 것을 수긍하고 순응하겠다는 자, 눈앞에서 배를 까뒤집고 '갸르릉'거리는 자, 해야 할 말을 감추는 자를 경계하고 주변에서 멀리하라. 그러면 알아서 입을 열 것이다.

위아래든 좌우든 구조의 문제는 어쩌면 그 다음의 문제일 수 있다. 사람 사이의 건강한 관계가 이미 형성되어 있다면 개떡 같은 의사소통 구조라도 별 상관없을지도 모른다. 건강한 관계, 그리고 수평적 소통이란 확실히 두려움 없는 관계에서 생긴다.

정글도를 들고 먼저 헤치며 가라

리더십이란 무엇일까? 뭔가 입가에서 맴돌긴 하는데 선뜻 정의 내리기가 힘들다. 그러고 보니 소통과 더불어 누구나 다 아는 것 같지만 사실은 잘 모르는 개념인 듯싶다.

회사 물 좀 먹었고 어느 정도 지위가 올라서 후배들이 하나둘 생기면 슬슬 '나도 이젠 리더지'라고 생각하는 정도다. 그러다 팀장 같은 공식 직책을 맡게 되면 그때부터는 자타가 인식하는 리더가 된다.

문제는 리더십에 정답이나 일반적으로 통용되는 방법론이 없다는 것이다. 그래서인지 리더들은 어느 순간부터 착각의 명수가 된다. '이만하면 잘해왔지' '나 정도면 성공한 리더지' 같은 착각 말이다. 지금의 자리 자체가 성공한 커리어 궤적의 증거라고 여기기 때문이다. 정답은 아닐지라도 적어도 틀리지는 않았다고 철석같이 믿는다. 명백히 이런저런 우여곡절, 주변의 도움, 운빨이 작용했더라도 그런 경험은 뒷전이고 제 잘난 기억만 남는다.

결국 자신만의 리더십이 있다고 어느 순간 믿어버린다. 리더가 백 명이면 백 개의 리더십이 난무하는 이유다. 리더십에 관한 한 자신만큼 아는 사람이 없다고 생각하면서 초심을 잃고 차츰 과대 자의식의 구렁텅이로 빠져든다.

리더십 역시 다름 아닌 관계다. 리더 자신과 팔로워라는 타인과의 관계 말이다. 그리고 영향력이다. 더 복잡하게 말할 필요도 없다. 그저 관계고 영향력이다. 지나친 자기중심성, 그리고 건잡을 수 없이 커진 과대 자의식으로 타인과의 관계성을 놓치기라도 한다면 리더로서 실패할 가능성이 높아진다. 어떤 자리에 올라 직책을 달아야만 리더라고 생각한다면 오산이다. 누구든 타인에 영향력을 미치는 사람이라면 그 자체로 리더다. 그 대상이 자신이어도 말이 된다. 그래서 셀프 리더십이란 개념도 존재한다.

이렇게 누구나 다 아는 리더십을 제대로 발휘하는 일은 왜 이토록 어려울까? 정작 리더 자신은 자신의 리더십이 어떻게 영향을 미치는지 잘 모르기 때문이다. 어렵고 힘든 건 어디까지나 팔로워들의 이야기다. 과정보다는 결과에 집착하고 정치적이며 독단적인데다 무책임한 사람이 한 조직의 리더라면 그야말로 지옥

행이다. 이런 리더들의 존재는 우.주.쏘.패 못잖은 부작용을 조직 전반에 흩뿌린다.

문제는 이런 리더들이 우리 조직 곳곳에 널렸다는 사실이다. 어디서부터 잘못된 것일까? 살벌한 경쟁, 눈에 보이는 성과만을 종용하는 우리네 기업 분위기를 감안하면 온전히 리더들만의 탓도 아니다 싶지만 그럼에도 불구하고 리더 개인으로부터 생기는 문제는 가장 직접적이고 명확하다.

무엇이 판에 박은 듯한 무자격 리더들을 양산해 부하직원들을 고통에 빠트렸을까? 리더십 자체를 오해한 것은 아닐까? 'lead'라는 단어부터 살펴보자. 정규 중등 교육을 받은 사람이라면 그 의미를 모르는 사람 없으리라. '앞장서서 이끈다.'우리 사정을 감안하면 '앞장서'보다는 '이끈다'에 더 가깝다. 몇 마디 더 붙이자면 '강제로'혹은 '힘으로'다. 그들은 그 정도의 개념만을 머리에 심은 채 '뚝심 있게 밀어 붙여 성과를 내는 일'을 정도로 이해했을 것이다. 더 오래 일하고 더 빠르게 결과를 내고 더 효율적이어야 한다는 강박관념으로 다름을 용인하지 않고 일사불란을 미덕으로 '영차영차'를 외쳐왔을 것이다.

모든 것은 결과가 말해준다며 과정의 중요성이나 저녁이 있는 삶 따위 인간적 요소들은 말랑말랑한 사치 정도로 치부했을 것이다. '일은 마음이 아닌 머리로 한다'는 차가운 이성을 신격화했을 것이다. 비극은 아마 그로부터 생겨났을 것이다.

그나마 조금 더 나은 리더라면 앞에 서서 그 힘든 노동의 마차를 함께 끌거나 파이팅을 외쳤을 테고 형편없는 리더라면 부하 직원들의 머리 위에 올라앉아 이렇게 하라, 저렇게 하라 채찍을 휘두르거나 알량한 당근 따위를 쥐어주며 현재의 희생을 외쳐댔을 터다. 그렇게 쥐어짜서 손에 넣은 남루한 성과를 독식해 더 높이 오르기 바빴으며 실패의 책임은 누군가에게 미뤘을지 모른다.

놀랍게도 우리네 기업은 그런 유형의 리더를 은근히 치켜세우기까지 했다. 이런 사람들은 승승장구하며 기업의 최고 경영진에 오르는 일이 다반사였다.

그런데 어쩌나, 이제 세상이 바뀌었다. 2년간 우리를 괴롭혔던 코로나 팬데믹은 우리 삶의 형태를 바꿨다. 이전에 통하던 것들이 이제는 잘 안 먹힌다. 팔자에 없을 줄 알았던 재택근무도 해봤고 '지긋지긋한 얼굴을 안 봐도 일이 돌아가더라'는 진실을 모두 알아버렸다. 매일 열심히 야근하던 김 과장이 사실은 별 일도 없이 시간만 죽였던 사실도 들통이 났다.

그렇잖아도 디지털 트랜스포메이션이니 뭐니 시끄러웠던 변화가 순식간에 훅 밀려온 느낌이다. 기술은 발전했고 이전에 경험하지 못한 편의, 편리, 그리고 진짜 효율이 뭔지 맛봤다. '코로나 이전으로는 돌아갈 수 없다'라며 단언하는 미래학자들의 분석을 굳이 참고하지 않더라도 기존의 성장 신화가 '쫑'났음을 우리 모두 알아버렸다.

회사에 나가지 않아도 일이 된다. '으쌰으쌰'안 하니까 더 '으쌰으쌰'된다. 잘 놀고 잘 쉬는 사람이 일도 더 잘한다. 모든 것이 양에서 질로 바뀌어 버린 새로운 세상의 문이 활짝 열렸다. 거기까지만 해도 숨찬데 ESG라는 새로운 변수가 가세했다. 환경Environment, 사회Social, 지배구조Government의 세 가지 비재무적 가치를 평가지표화해 기업 가치에 반영한다. 블랙락Blackrock이라는 세계 최대 투자사 우두머리인 래리 핑크Lawrence Douglas Fink라는 사람이 공개적으로 ESG 지표를 각국 기업들에 요구해서 야단법석이 났다. 뼛속까지 장사꾼인 외국 투자사의 진위야 무엇이 되었든, 이제 탐욕에 눈이 어두워 돈만 밝히는 악덕 기업은 일 났다. 기후 위기를 멈출 환경 보호에 힘을 쓰고, 반사회적 기업 행위를 중단하고, 지배 구조를 투명하게 하라는 주문이다. 탄소 중립 넷-제로net zero니 하는 이야기들이 여기에서 시작됐다.

문제는 'Social'항목에 노동 관행, 고용, 인권, 소비자 이슈, 공정 운영 등 기업의 사람, 조직 문화와 관련된 평가 지표가 대거 포함된다는 사실이다. 바야흐로 포스트 코로나, 디지털 시대, AI의 시대를 맞아 인간의 소외가 아닌 인간 회복의 시대로 가속 페달을 밟은 셈이다.

그렇다면 이제 리더십도 바뀌어야 한다. 그 근원부터 다시 접근해야 할지도 모르겠다. 《리더십 문을 열다》를 쓴 이창준은 'lead'의 어원을 다음과 같이 소개한다.

> '영어 lead라는 말의 어원을 보면 흥미롭게도 거기에는 '누군가를 이끈다'라는 의미가 없습니다. 이 말은 인도유럽어인 'leith'에서 온 것입니다. '문지방을 넘는다to stop across the threshold'라는 뜻을 가지고 있습니다.'

이 문장을 읽고 '아~' 하는 탄식을 내뱉었다. 그동안 왜 리더십을 제 마음대로 규정하고 남용할 수밖에 없었는지 조금은 알 것 같았다. 왜 수도 없이 리더십 과정을 만들고 그들을 참여시켰지만 겉핥기에 그쳤는지 본질에 대한 힌트도 겸해서 말이다.

문득 드라마 〈미생〉의 등장인물 중 가장 현실적이면서도 이상적인 상사로 꼽히는 김부련 부장이 떠올랐다. 뒤이어 문턱주의라는 말도 생각났다. 그는 문턱주의자다. 문턱을 넘기 전에 수도 없이 고민하고 재보지만 막상 문턱을 넘고 나면 뒤도 돌아보지 않는다는 의미로 쓰였다. lead의 원래 어원인 '문지방을 넘는다'와 '문턱주의자' 사이에 부인할 수 없는 연결고리를 발견한 셈이다. 김부련 부장으로 확인할 수 있는 리더십이란 불확실성과

위험이 도사린 미지의 목표를 리더가 먼저 고민하고 예측하고 살펴서 넘어간 후 '여기 괜찮으니까 이제 넘어와도 된다'라고 말하는 일이다.

영업3팀에서 적발한 최대 비리 사건의 결재 라인에 있던 김 부장이 책임을 회피하지 않고 당당히 받아들이는 모습은 그래서 아름답다. 현실 정치도 마다하지 않지만 오직 그 일에만 목매지도 않는 균형 잡힌 리더상을 여실히 보여주었다. 솔선수범이란 이런 것이다. 자신이 먼저 나서서 위험을 무릅쓰고 책임을 져야 하는 상황에서는 먼저 앞으로 나서고 성과가 났을 때는 뒤로 물러서 최후까지 양보하는 일이다.

자신이 어떤 사람인지, 또 그만한 역량이 있는지 따위 자기인식이 명확하지 않다면 있을 수 없는 일이다. 자신을 상실한 채 자리와 성과에만 매몰된 사람은 그런 식의 자기인식을 절대로 발휘할 수 없다. 자신에 대한 선한 영향력도 발휘 못 하는 사람이 타인에 대해서라면 두말할 필요도 없다.

나는 지금 어디에 서 있는가? 정글도를 들고 두려움과 호기심이라는 밀림으로 가득한 미지의 세계로 먼저 나아가고 있는가? 그런 나를 지켜보는 사람들은 기꺼이 나를 따를 것인가?

리더십이라는 관계는 그 인식의 과정에서 비로소 무르익는지도 모른다.

격차, 그 자체에서 본질을 읽어라

chasm* 은 간극이다. 마케팅에서 쓰는 용어이기도 하다. 최신 기술이 나오면 그것을 먼저 접하는 얼리 어답터들이 유입되고 주류로 넘어가는 과정에서의 일시적 단절, 즉 일반 이용자들이 유입되기까지의 간극을 의미한다. 그냥 gap이라고 하면 될 것을 chasm은 또 뭐냐 싶겠지만 사람 관계, 특히나 리더십 진단을 하면 리더와 팔로워 간 인식의 격차가 생기는데 '깊은 틈' '아주 큰 골'이라는 뜻을 가진 chasm 외에는 적절한 표현이 어려울 지경이다.

앞서 언급했듯, 리더들은 착각의 명수다. 자기애가 넘친다. 나 정도면 준수한 리더라고 믿어 의심치 않는다. 리더십 진단을 해

* 제품이 아무리 훌륭해도 일반인들이 사용하기까지 넘어야 하는 침체기를 가리키는 경제용어.
출처)두산백과

보면 대번에 알 수 있다. 다년간의 리더십 진단 경험을 토대로 짚어보자면 리더는 자신의 리더십 수준을 100점 만점에 80~85점 정도로 인식한다. 아무리 못해도 80점 이상은 된다고 생각한다. 반면 팔로워들은 60~70점대를 준다. 대략 15~20의 간극, chasm이 명백하다.

그 착각을 깨는 것은 팔로워들의 돌직구다. 보통의 업무 환경, 리더 앞에서라면 입을 다물지만 진단에서는 의외로 용기를 낸다. 철저한 익명이라는 리더십 진단 팀의 말을 순진하게 믿지는 않지만 그래도 그간 쌓아두었던 생각을 참지 않는다.

우리는 사정이 조금 나은 편이다. 리더들의 착각은 만국공통에 가까운데 전 세계 통계를 보자면물론 문항이라든지 진단 내용이 일치하진 않겠지만 80 vs 50 정도의 간극을 꾸준히 보이는 것으로 알려졌다.

우.주.쏘.패가 아닌 이상 사람은 누구나 타인에 대한 감정 이입을 할 수 있다. 만 5세 이상이 되면 타인의 생각이 나와 다를 수도 있다는 관점인 조망수용능력perspective taking이 생긴다. 이런 사실은 유명한 실험인 Sally-Ann test** 에서 증명됐다.

....

** '샐리-앤 시험(Sally-Anne test)'이라고도 불리는 가장 유명한 버전에서, 아동은 두 인물에 관한 한 이야기를 듣거나 본다. 예를 들어 아이는 샐리와 앤이라는 두 인형이 각각 바구니와 상자를 가지고 있는 모습을 본다. 샐리는 구슬도 가지고 있는데, 이를 자기 바구니에 넣고는 방을 나간다. 이때 앤은 방을 나간 샐리가 넣어둔 구슬을 바구니에서 꺼내어 자기 박스에 넣어둔다. 그리고 샐리가 돌아온다. 이때 아이에게 샐리가 구슬을 찾기 위해 어디를 뒤질지 질문한다. 샐리는 구슬을 넣어둔 자신의 바구니를 찾아볼 것이라고 대답하면 아이는 이 시험을 통과한다.

출처)위키백과

그런데 리더가 되면 어쩐지 이 조망수용능력이 퇴화하는 듯 보인다. 자신에 대한 확신이 커지는 반면 팔로워들의 입장에서는 멀어진다. 도통 들으려 하지 않고 자신이 앞선다. 그런 상태를 심지어 카리스마로 미화하기도 한다. 오로지 위만 바라보는 독재자로 전락한다. 소소했던 gap은 점차 커지고 깊어져 마침내 chasm에 이른다. 그동안의 리더십 진단에서 자기 진단 점수가 팔로워 진단 점수 대비 간극이 없거나 오히려 그에 못 미치는그러니까 자신의 팔로워 보다 자기 자신을 더 낮게 진단한 경우는 극소수에 불과했다. 절대 다수의 리더는 일관되게 약 15~20점의 비교적 큰 간극으로 자기 자신을 높게 평가하는 패턴을 보였다.

리더십 진단이 완료되면 그 결과를 가지고 리더십 향상 워크숍을 한다. 진단 결과는 워크숍 당일 밀봉된 상태로 개별 전달되는데 봉인이 풀리는 즉시 파장이 시작된다. 한숨을 내쉬는 사람, 붉으락푸르락 얼굴이 일그러지는 사람, 고개를 갸우뚱거리며 진단 결과를 샅샅이 뒤지는 사람 등 천차만별이지만 그 정동은 대개 불쾌감이다.

'아니, 내가 저희를 어떻게 해줬는데!'

결과에 대한 해석을 시작으로 본격 워크숍에 들어가면 감정은 더 격해진다. 특히 진단 결과를 자신에 대한 평가로 동일시하는 경향 때문에 좀처럼 격해진 감정은 사그라질 줄 모른다. 이럴 줄 몰랐다는 실망감, 배신, 그리고 오해와 같은 단어들이 쏟아져 나와 토론 테이블을 뒤덮는다.

그 와중에 chasm, 그러니까 간극 자체에 집중하는 사람도 있다. 아주 드물지만 열에 한두 명쯤은 감정에서 빠져나와 데이터 그 자체와 숨은 의미에 초점을 둔다. 비로소 팔로워의 입장에서 그 결과를 돌이켜보는 시도를 하는 것이다. 나는 그 리더를 표시해 두고 지켜본다. 그리고 간극 자체에 집중하고 원인을 찾는 태도를 북돋는다.

“그렇지요 팀장님. 오해일 수 있지요. 제가 팀장님을 아는데. 그런데 내 팀원들이 왜 그런 오해를 했을까?를 생각해보면 미처 생각하지 못했던 지점을 포착할 수 있지요. 그 점에 집중하면 더 좋은 결과로 이어질 수 있어요.”

결국 오해라는 핑계조차도 타인이 아닌 스스로 만든 결과임을 깨닫게 하는 것이다. 이런 유형의 리더는 다음해 진단에서 높은 확률로 그 간극이 좁혀지고 팀은 더 발전한다.

반면 워크숍이 끝날 때까지 오해, 실망을 운운하며 감정에서 빠져나오지 못하는 대다수의 리더들은 그저 평행선을 달릴 뿐이다. 감정의 골은 더 깊어지고 특정인을 어림짐작해 해코지를 하기도 한다. 개중 최악은 ‘다음 진단할 때 두고 보겠다!’라며 공포 분위기를 조성하는 경우다. 당장 눈속임으로 진단 결과가 포장

될 수는 있겠지만 진짜 이상적인 리더로 거듭날 가능성은 0에 수렴한다.

평가와 진단은 엄연히 다르다. 제대로 된 리더라면 그 차이를 명확히 인지한다. 이를테면 리더십 진단은 건강 검진과 같다. 건강 검진에서 간 수치와 혈중 콜레스테롤 수치가 높게 나왔다고 그 결과에 분노하거나 수치를 어떻게 감출까 전전긍긍하지 않는다. 건강관리를 제대로 못한 자신을 자책하는 일이 먼저다. 어떻게든 그 원인을 찾고 주의나 치료라는 시그널이 나왔다면 적극적으로 치료하고 개선할 일이다.

물론 그 결과가 경영층에 보고되어 자신에 대한 인식이 바뀔지 모른다는 불안감은 충분히 이해할 수 있다. 아무리 평가가 아닌 진단이라고 외쳐도 낮게 진단된 리더십 점수가 노출되어 좋을 일은 없을 테니 말이다.

분노를 거둬내면 기회가 보인다. 무언가 잘못되어가고 있다는 중요한 시그널, 경고의 신호를 제대로 읽지 못한다면 간단한 처방만으로 좁힐 수 있었던 gap을 태평양 바다만큼이나 넓고 깊은 chasm으로 악화시킬 뿐이다. 리더 자신뿐 아니라 모두에 비극이다.

관리자 중 80% 이상이 부하직원이 직무를 완수한 것을 인정하고 이를 자주 표현했다고 주장하는 반면, 관리자가 가끔 이상으로 자주 감사를 표현했다고 응답한 직원은 20%에 불과했다.

– 《순간의 힘》, 칩, 댄 히스 형제

높은 자리에 올라설수록 보이는 광경이 다르다고 했다. 높이 오를수록 골은 깊은 법이다. 자신도 모르게 깊어진 간극 chasm에 빠졌다면 chasm 자체에 집중할 일이다. 그래야 탈출의 실마리가 보인다.

고개를 숙이고 사람을 '취'하다

내 부하직원 중 믿을 만한 사람이 있을까? 그는 상사인 나를 어떻게 바라볼까? 나는 그녀에게 혹은 그에게 어떤 상사로 인식되길 바랄까? 공적 관계, 상사와 부하직원의 관계를 넘어 어려움에 처하면 감정적 지지나 도움을 서로 주고받을 수 있을까? 그저 업무상의 관계일 뿐인데, 그 정도는 오버일까? 나는 상사로서 혹은 선배로서 그들에게 무엇을 바라고 있을까? 바라기만 할 뿐 그들을 위해 딱히 헌신하거나 희생한 것이 없다면?

드라마 〈미생〉의 한 장면을 보다가 문득 질문 폭탄이 꼬리를 물고 이어졌다. 김동식 대리는 업무상 실수로 징계위원회에 넘겨질 위기에 처한다. 오 과장은 고민 끝에 그를 구제하기 위해 애증의 대상이었던 전무를 찾아가 고개를 숙이며 선처를 요청한다.

전무는 그 광경을 물끄러미 바라보다 별말 없이 자리를 뜨고 결국 김 대리의 징계위원회는 취소되어 징계를 면한다.

지글지글 곱창이 익어가고 오 과장과 김 대리는 말없이 술잔을 주고받는다. 김 대리는 우연히 오 과장이 전무에게 고개를 숙이는 장면을 목격한 터다. 그에게 미안함과 마음 깊은 곳으로부터의 존경심이 생겼을 것이다. 오직 제 한 몸 출세를 위해 인사권을 쥔 사람 옆에 철썩 붙어 입안의 혀처럼 구는 사람은 많아도 남을 위해 자신을 굽히고 아쉬운 소리를 할 줄 아는 사람은 드문 세상이다.

위 사례마저도 사실은 철 지난 드라마의 이야기가 아닌가. 직장인들의 희로애락을 실감나게 묘사해 선풍적 인기를 끌었던 드라마 〈미생〉이 방영된 지도 어느새 수년의 시간이 지났다. 그 세월의 흐름만큼 직장 내 상하관계 생태계가 눈에 띄게 변했다는 증거는 어디에도 없다.

1987년 제임스 M. 쿠제스James M. Kouzes와 배리 Z. 포스너Barry Z. Posner는 리더십에 대한 매우 상징적인 책인 《리더십 챌린지》에서 관리자들이 생각하는 현실에 근거한 효과적인 리더십 특성을 열거해서 발표했다. 가장 중요한 특성은 '정직과 헌신'이었으며 '전문 역량'이 뒤를 이었다. 아그호Augustin Agho에

의한 2009년도 설문도 위의 결과를 재확인했다.

– 《완벽한 팀》, 마크 허윗, 사만다 허윗

우울한 현실과는 다르게, 그 어딘가의 이상적인 세계에서는 '헌신'을 가장 높은 덕목으로 치는 모양이다. 아그호의 설문에 따르면 팔로워들 역시 가장 중요한 특성으로 '헌신'을 꼽았는데 그 케케묵은 신념의 가치는 도통 찾아보기 힘들어 더 중해진지도 모르겠다. 헌신이 딱 와 닿지 않는다면 타인에 대한 배려와 희생이라고 해두자.

다시 드라마로 돌아와서, 오 과장은 줄도 못 서고 백도 없는 인간이다. 실속 없는 일만 찾아다니는 상사로 오히려 부하직원의 앞날을 막는 민폐 취급을 받는다. 가치관과 신념이 명확하고 일에 대한 역량도 있으며 부하직원에 대한 헌신과 희생정신을 발휘할 줄 아는 리더가 현실세계에서는 조롱의 대상이 되는 것이다.

"야, 팀장이 아무리 거지같아도 턱턱 일 따와서 실적 내주는, 그런 사람 밑에 있는 게 좋은 거야. 성과급도 받고 승진도 하고 님도 보고 뽕도 따고."

극중 대리들의 노골적 대사가 암시하는 현실은 과정 따위 필요 없고 성과만 좋으면 된다는 극단적 결과지향주의의 찬사에 다름 아니다. 그런 마당에 부하직원의 잘못을 대신해 앞으로 나서고 성과를 논할 때는 뒤로 물러서는 리더들을 보기란 드라마에서나 가능한 일일지도 모른다. 나부터 살아야 하니까.

단기성과, 결과지향주의가 만연하고 리더가 리더답지 못하고 팔로워가 팔로워답지 못한 조직문화가 뿌리 깊어진다면 장기적으로 그 조직이 만들어낼 수 있는 가치는 무엇일까? 행여 성과가 좋지 못해 매출이며 손익이며 고꾸라진 숫자가 패잔병처럼 여기저기 널브러졌을 때 그들은 무엇으로 다시 힘을 낼 수 있을까?

발전적 경쟁을 유도한답시고 같은 사업 본부, 심지어 같은 팀원끼리도 상대 평가를 한다. 서로를 견제하고 눈치 보고, 공유 문서를 부러 누락시키기도 한다. 겉으로는 서로 위해주는 척, 동료애가 있는 척 위선이 판을 치지만 결정적 순간에는 제 이익이 먼저다.

이런 환경에서라면 자신이 앞장서 책임을 지고 공을 부하직원에게 돌릴 줄 아는 리더는 그야말로 헌신짝이 된다. 심지어 현실적이지 못하다고 조롱도 당한다. 그렇다면 우리 모두 헌신과 희생, 정직 따위 거추장스러운 것들은 훌훌 버리고 실속을 찾는 데 앞장서야 할까?

바보같이 주기만 하는 사람은 결국 호구일 뿐인 걸까? 그렇기도 하고 아니기도 하다. 애초에 헌신이 몸에 밴 리더라면 헌신짝

되기가 두렵진 않을 것이다. 자신을 당당히 세운 후 그 자신감으로 타인을 기꺼이 돌아볼 줄 아는 사람이라면, 눈앞의 이득을 위해 자신의 정체성을 버리고 기회주의의 삶을 택하지는 않을 것이기 때문이다.

혹시라도 성공 계단의 밑바닥으로 떨어질까 봐 전전긍긍 계산을 해서 행동 양식을 바꾸는 사람이라면 그저 이미지 관리를 위한 연기를 하고 있었을 뿐인 셈이다. 계산 없이 조건 없이 진정성을 가지고 헌신해도 괜찮다. 적어도 김 대리 같은 진국은 내 곁에 둘 수 있지 않겠는가?

우회하지 말고, 직격하라

돌려 말하기를 즐겨하면 어떤 일이 생길까? 감정의 대립, 의견 충돌이 최소화되고 기존의 관계가 유지되면서도 문제는 저절로 풀리게 될까? 천만에, 오히려 그 반대다. 대개는 못 알아먹는다. 이쯤 했으면 알아들었겠지, 이 정도면 감정을 상하게 하지도 않으면서 적절하게 내 메시지를 전달했겠지 싶겠지만 어림도 없다.

상대의 센스나 사회적 지능 탓이 아니라 원래 그렇다. 머릿속 생각을 직접적으로 꺼내지 않는데 무슨 수로 미루어 짐작할 수 있을까? 내 머릿속 생각을 콩떡처럼 말해도 찰떡처럼 알아먹는 사람이라면 애초에 돌려 이야기할 필요성조차 못 느꼈을 것이다. 살을 맞대고 살아온 가족 간에도 이심전심이 어려운데 하물며 직장에서 만난 타인 간 관계에서라면 오죽할까?

생각해보면 나는 돌려 말하기를 즐겨했었다. 알아서 알아주겠거니 했다는 거다. 이 역시 자기밖에 모르는 자기중심성, 타인에 대한 공감 결여와 관련된 문제다. 자연스레 관계가 나빠진다.

돌려 말하기에는 두 가지 유형이 있다. 첫 번째는 배려한답시고 직접적 언급을 피하며 비유나 은유를 써서 에둘러 말하는 식이다. 어지간한 눈치꾼이 아닌 다음에야 자기 이야기인지도 모른다. 개인 성향은 그렇다 치고 애초에 회사 조직 자체가 비유나 은유에 관대한 편도 아닌데다 감성보다는 이성을 더 쳐주는 곳이 아닌가? 에둘러 말하기를 좋아했다간 뜬구름 잡는 이상주의자가 되기 십상이다.

두 번째는 해야 할 이야기를 당사자가 아닌 제3자에게 흘리는 식이다. 주로 당사자의 단점이나 개선이 필요한 사항들에 대한 이야기이다 보니 부정적 의견 일색이다. 이런 이야기는 발 없는 말과 같아서 언젠가는 당사자의 귀에 들어가게 마련이다. 이런 식이라면 그저 싸우자는 이야기밖에 안 된다. 되려 악화될 뿐이다.

아키라는 간부는 매우 신중하게 일을 처리하는 사람이었다. 제품 하나를 개발하는 데 너무 많은 시간을 들였다. 그 점이 늘 못마땅했지만 그 문제를 아키와 직접 해결할 생각을 하지 않고 회사 외부의 다른 엔지니어를 찾아 프로젝트를 진행했다. 그 사실을 알게 된 아키가 나를 찾아와 크게 화를 내며 말했다. "제게 불만이 있으면 직접 말씀해주세요. 이런 식으로 뒤통수치지 마시고요!"

–《규칙 없음》, 리드 헤이스팅스, 에린 마이어

넷플릭스라는 세계적 혁신 기업을 만든 리드 헤이스팅스Reed Hastings Jr.조차 그런 일에서 자유롭지 못했다고 고백한다. 하물며 우리 같은 평범한 사람들은 어떨까? 술자리에서 혹은 담배 한 대 태우며 그저 '걔가 이런 게 조금 걸리는데 고쳤으면 싶어' 정도 슬쩍 이야기했을 뿐인데, 언젠가는 비겁한 뒷담화가 되어 당사자에게 돌아온다. 메시지가 담은 애초의 취지는 사라지고 제 얼굴에 침 뱉기 하는 못난 상사가 되어버린다. 제 부하직원의 잘못이면 결국 그 리더의 책임 아닌가?

리드 헤이스팅스는 이후 누군가 자신에게 제3자의 이야기를 하면 이렇게 묻는다고 한다. "지금 나에게 한 이야기를 당사자에게도 똑같이 전했나요?" 당사자의 귀에 들어가길 바랐건 바라지 않았건 그런 식으로 간접 전달받은 메시지는 결코 제 기능을 못한다. 무조건 메시지 자체가 왜곡되게 마련이다. 알맹이는 쏙 빠지고 날선 감정만 전달될 뿐 아니라 애초에 없던 이야기가 더해지기도 한다.

우리는 무의식중에 이런 식의 돌려 말하기를 곧잘 한다. 심지어 그랬다는 사실 자체를 인지하지도 못한다. 그리고는 혼자만의 착각에 빠진다.

'충분히 말했으니 알아들었을 거야.' '고치라는 차원에서 말했으니 그 진정성을 알 거야.'

정말 그랬던가? 아무래도 그런 것 같지 않다. 나쁜 피드백일수록 대면해서 직접 이야기해야 한다. 당장 기분이 상하고 껄끄러운 입장이 될 수 있어도 이후 꼬리를 무는 부작용은 적어도 막을 수 있다. 직접 말하는 일에는 기술이 필요하다. 감정을 되도록 빼고 사실에 기반한 의견만을 담백하게 전달하도록 노력해야 한다. 진정성, 그리고 사실 기반, 이 두 포인트만 잊지 않는다면 직접 말하는 상황에서의 실수를 줄일 수 있다. 당장의 불편함은 감수해야 한다.

물론 쉽지 않은 일이다. 그렇지만 뒤에서 부하직원을 입에 올리는 못난 상사라는 낙인보다야 백 번, 천 번 낫지 않겠는가? 리더십 또한 의심의 여지없이 나로부터 시작되는 관계다. 멀리서 찾을 일이 아니다. 높은 곳에 올라서면 보이는 풍경이 달라진다 했다. 완장의 힘에 취해 스스로를 향한 점검을 게을리 하다가는 우.주.쏘.패. 그들 못잖은 민폐 캐릭터가 되기 십상이다.

어쩌면 "저 인간 저거 소시오패스 아닌지 몰라?"라는 부하직원들의 뒷담화가 어딘가에서 진행 중인지도 모를 일이다.

우.주.쏘.패,
어디에나 있고 또 어디에도 없다

지금쯤이면 눈치 챘어야 한다. '우리 주변의 소소한 소시오패스'를 탐색하고 가려내려는 시도가 실은 '나'를 제대로 찾으려는 여정의 시작이었음을. 애초의 시작은 4%나 된다는 우.주.쏘.패들의 존재가 두려워 그들을 제대로 알고 대응해보자는 취지였다. 그 여정은 이내 방향을 틀어 '나'에게로 향하더니 '관계'로 마무리됐다. '어떻게 하면 우리 주변에서 호시탐탐 포식자의 눈으로 나를 노리는 소시오패스들을 알아보고 대처할 수 있을까?'를 고민하다 정작 중요한 문제는 '나 자신으로부터'라는 사실이 더 선명해졌다.

물론 소시오패스들은 존재 자체만으로 위협적이다. 타고난 특질을 각자 주어진 환경 속에서 발현시켰든 그렇지 않든 포식자의 본성은 결코 사라지지 않기 때문이다. 검증된 단서를 토대로 그 사람을 주의 깊게 지켜보고 심증이나마 확신하게 되었다면 가장 현실적이고도 확실한 대응책은 '도망쳐라'뿐이다. 정말 소시오패스가 맞다면 사실상 대응할 방법이 없다. 당신이 이들의 정체를 알게 됐다고 게임을 걸어온다면 이들은 오히려 반색할 것이다. 피에 굶주린 흡혈 박쥐처럼 짜릿한 파괴 게임과 희생양을 찾고 있었을 테니 말이다. 이들을 오랫동안 연구해온 연구자들도 입을 모아 말한다. 가능하다면 '벗어나라.'

여전히 단기 성과와 극한 경쟁을 기치로 차가운 이성을 숭배하는 기업 집단이 다수인 직장 환경을 감안하면 그들의 존재와 위협은 엄연한 현실이다. 그들은 정체를 숨긴 채 가장 취약한 사냥감이 누구인지 노려보고 있다. 기회가 되면 가차 없이 틈을 파고들어 실컷 이용해 먹을 생각이다. 그들은 절차와 규칙, 배려와 공감 따위 개나 주고 달콤한 열매만을 탐할 것이다. 그렇게 성장을 거듭해 팀장도 되고 임원도 되고 마침내 CEO에도 오를 것이다.

> 기업이 양심 없는 사람들에게 잘 맞는 유일한 까닭은 기업 자체가 의도적으로 친사회적 방침을 배제하기 위해 만들어진 조직이기 때문이다. 기업은 돈을 벌기 위해 만들어진 조직이다. 그게 전부다. 따라서 기업은 친이윤적 방침을 수행할 사람을 선택한다. 소시오패스와 정상인을 가리지 않고 말이다. 그것이 기업의 매

력이다. 기업은 당신에게 양심이 있든 없든 신경 쓰지 않는다.

《나, 소시오패스》의 저자 M. E. 토머스가 운영하는 '소시오패스닷컴'의 한 방문자가 쓴 글은 오늘날 기업과 소시오패스의 공생관계를 여실히 증명해준다. 소시오패스를 자처하는 토머스도 이 글에 전적으로 동의하며 본색을 드러낸다. 결국 기업에 이윤을 남겨줄 존재는 소시오패스들이며 그들의 성과물을 받아먹고 자라온 자본주의 기업에서 무엇이 문제냐?고 반문한다. 소시오패스답다.

물론 기업은 이윤을 추구한다. 그에 반대할 생각은 조금도 없다. 그러나 이윤'만'을 추구한 기업들이 세계를 호령하고 그런 기업의 소시오패스 CEO들이 심지어 존경을 받는 현상은 결코 찬성할 수 없다. 'rank&yank 상대평가' 방식으로 사람의 등급을 매기고 저성과자는 가차 없이 내쳤던 GE의 잭 웰치Jack Welch가 한때 세계적인 각광을 받던 시절도 있었다. 오늘날 그런 방식에 열광하는 기업은 드물다. 내부적으로 유지하는지는 몰라도 적어도 겉으로는 그렇다.

놀랍게도 이런 소시오패스사이코패스를 옹호하는 목소리도 있다. 그들이 있기에 인류가 진화하고 한 걸음씩 나아갈 수 있었다고 말한다. 두려움을 모르는 무모함, 넘치는 활력, 앞뒤 재지 않는 그들의 행동력이 인류의 진보를 이끌어왔다고 주장한다. 진화론적 관점에서 이런 유전자들이 완전히 사라지지 않고 일정 비율을 유지하는 이유라고도 말한다.

얼핏 맞는 말인가? 싶다가도, 히틀러나 일본 제국주의자들처럼 세계적인 비극을 부른 악마적 존재의 출현을 생각하면 궤변에 가깝다. 변하지 않는 중요한 사실은 그들은 앞으로도 현재의 비율로 우리 주변에 존재할 예정이고 그들의 비율만큼 일정한 피해자들이 지속적으로 생길 예정이라는 점이다. 그 피해자가 내가 되지 않는다고 어느 누가 장담할 수 있을까? 물론 뉴스에서나 볼 법한 극악무도한 범죄는 드물다. 뉴스에 나온다는 사실 자체가 그만큼 드문 일이라는 반증이다. 그렇지만 일상에서 벌어지는 우.주.쏘.패 發 소소한 피해는 현재진행형이다.

인류의 발전이니 진보니 거시적 전진을 위해 나와 주변의 소소한 피해자들을 양산해도 된다는 말이라면 무책임하다. 그런 궤변으로 그들의 극악한 포식 행위에 면죄부를 주어서도 안 된다. 눈 한번 질끈 감고 다 같이 잘 먹고 잘살자는 것이니 일부 소수의 피해쯤 모른 척하자던 분위기가 사회적으로 통용되었던 시절이 있었다. 회사 조직도 공공연히 모두의 성공을 위해 희생을 강요했다. 개인을 착취하고 이용하고 파괴하는 행위가 결과라는 명목으로 용인되기도 했다. 지금도 그 통념은 여전할지도 모른다. 이제 시대가 바뀌었다. 차가운 이성의 시대는 가고 따뜻한 감성의 시대가 도래했다고 감히 단언한다. 무수한 데이터가 쏟아지고 실시간으로 연결된 네트워크 속에서 쌍방향 소통이 가능해진 오늘날, 고객이든 내부 구성원이든 그들의 마음을 사지 못하는 기업이나 조직은 선택받지 못하는 시대가 되어버렸으니까.

소시오패스들은 차가운 이성의 시대를 만끽했다. 보다 수월하게 정체를 숨기고 자신의 이득을 위해 타인을 이용해 먹는 데 탁월했을 것이다. 그런데 따뜻한 감성의 시대라면 적응에 어려움을 겪을지도 모른다. 여전히 수많은 사람들이 그들의 연기에 깜빡 속아 넘어가겠지만 이전보다야 상황이 낫다.

그들은 우리의 마음을 모른다. 양심과 감정이 어떻게 생겨나고 작용하는지 짐작할 수도 없다. 그저 흉내 낼 뿐이다. 그런 흉내는 한계가 있다. 진심이 닿지 않는 연기는 언젠가는 들통 나게 마련이다. 그 온도차까지 카피해낼 수 없기 때문이다. 그들은 감정적 색맹이다. 파란색을 가려내지 못하지만 학습해서 이해하고 있을 뿐이다. 그리고 파란색을 보는 것처럼 말하고 행동한다.

조금만 관심을 기울여 그들을 지켜보면 알게 된다. 맞지 않는 가면을 쓰고 있음을. 그리고 그 가면 안에 도사린 포식자의 본능을. 감지할 수만 있다면 이쪽의 본능 역시 신호를 준다. 우리와 본질적으로 다르니 어서 피하라고.

속 편하게 우리 모두가 마음속으로는 약간의 도둑질을 저지른다고 주장할 수도 있다. 또 영리하고 무자비한 사이코패스들을 고용해서 우리가 원하는 걸 얻을 수 있다면 환영이라고 주장할 수도 있다. 당신은 누군가에게 복수하겠다거나 반칙을 써서라도 남보다 앞서겠다는 생각을 품어본 적이 없는가.

– 《사이코패스 뇌과학자》, 제임스 팰런

이들은 양심에 따라 행동하고 규칙을 지키려는 우리를 심지어 조롱하기도 한다. 사실 속마음은 그렇지 않으면서 가식을 떠는 약한 종자일 뿐이라고 말이다. 그러나 이들에게 명확히 답한다. 양심을 가진 평범한 사람들은 모두 그렇지 않다고. 그게 당신들과 우리가 근본적으로 다른 점이라고 말이다.

결정적으로 우리는 상대의 행동과 말과 생각으로 우리 스스로를 돌아볼 수 있다. 결코 완전하지 않은 존재임을 인식하고 있으며 때로는 양심을 어기기도 하고 그로 인해 밤잠을 설치기도 한다. 마음속 짐을 만들어 그것을 해소하기 위해 비효율적인 노력을 하기도 한다. 그들은 그런 사실을 결코 알지 못할 것이다.

우.주.쏘.패를 탐험하는 첫 번째 이유는 분명 '어떻게 하면 그들의 정체를 보다 정확히 알아내서 나를 지킬 수 있을까?'라는 이기적 목적에서다. 그러나 그 여정은 방향을 틀어 '나'를 돌아보고 결국은 타인과의 관계를 어떻게 잘 맺을 수 있을까?라는 이

타적 목적으로 흘러간다. 우.주.쏘.패. 그들은 이 전이 과정 자체를 이해하지 못한다. '그런 노력들이 결국은 남들과 잘 지내기 위해서라고?'미간을 찌푸린 채 비웃거나 송곳니 한쪽으로 입술을 깨물며 갸웃거릴 뿐이다.

그게 우리다. 그래서 나는 소시오패스가 아니다.

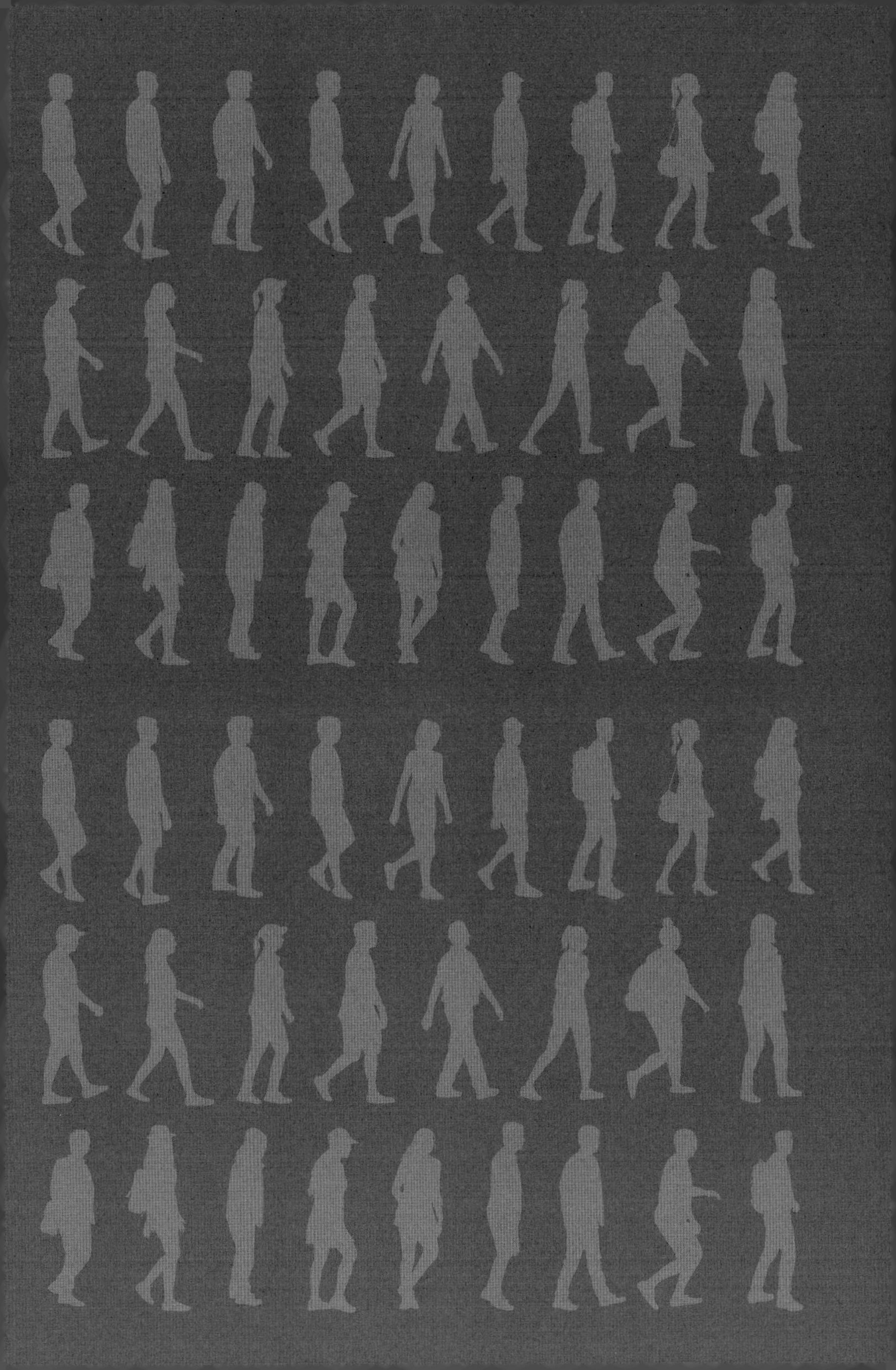